GUERRES & GUERRIERS
Collection dirigée par le Général Éric Bonnemaison

Général (2 S) Alain PELLÉGRINI

UN ÉTÉ DE FEU AU LIBAN

2006 – Les coulisses d'un conflit annoncé

ECONOMICA
49, rue Héricart, 75015 Paris

Avertissement

La transcription des noms propres géographiques est celle des cartes éditées par le Service géographique de la FINUL. Pour les noms de personne, il a été retenu celle utilisée dans les documents officiels de l'ONU.

Le nom des groupes religieux est écrit avec une initiale minuscule lorsqu'il s'agit d'un terme général. Par contre la majuscule est utilisée quand on désigne un groupe communautaire ayant une existence juridique : Chiite, Maronite, etc.

Des acronymes, mots et expressions ont été conservés en anglais car c'est la langue de travail officielle de la FINUL. Les langues nationales ne sont utilisées qu'à l'intérieur des contingents.

À mon épouse, Maryse, et à notre fils, Marc.

À tous les membres de la Force Intérimaire
des Nations Unies au Liban, militaires au béret bleu
et civils qui, malgré les critiques, les sarcasmes,
les dénigrements et parfois les actions hostiles,
ont toujours eu et continuent à avoir foi
en leur mission. Mission qu'ils ont assumée,
et remplissent toujours, avec cœur,
professionnalisme et détermination.

Aux 274 soldats et 32 personnels civils tombés
dans leurs rangs.

Sommaire

Préface

Comprendre la FINUL « de l'intérieur » et dans ses principes intrinsèques, vivre aux rythmes de ses interventions, des doutes de son personnel civil et militaire ainsi que de ses échecs contribuent à l'originalité de cet ouvrage et à l'intérêt de son exposé. Cette spécificité permet à la présente analyse de faire figure d'exception au sein d'un registre littéraire qui se limite souvent à l'histoire ainsi qu'à la chronologie fondatrice de cette force onusienne. Une immersion complète au sein de la vie quotidienne de la FINUL et de son contingent est une invitation rare à la compréhension interne d'une force aussi emblématique que cette force intérimaire au Liban. « Intérimaire » parce qu'elle ne semblait durer qu'un temps, mais la fragilité du secteur sécuritaire et de défense libanais a pourtant voulu qu'elle soit aujourd'hui en place depuis plus de trente-deux ans. Une longévité inégalée pour une force de maintien de la paix.

Un Été de Feu au Liban est le témoignage inédit du Général Pellégrini, Commandant en chef de la FINUL, au moment le plus marquant de sa mission ainsi que le plus tragique que le Liban n'ait jamais connu depuis la fin de la guerre dite civile, la guerre de l'été 2006. Événement sans précédent dans l'histoire de la FINUL, les affrontements de 2006 entre le Hezbollah et l'armée israélienne ont une fois de plus mis en exergue la fragilité et les limites de cette force. L'évolution ainsi que l'extension de son mandat sont ainsi apparues nécessaires.

Dès sa mise en place, la FINUL s'est positionnée comme opérateur incontournable sur la scène politique, économique et sécuritaire libanaise et régionale. Ainsi, elle constitue une présence à part entière au Pays du Cèdre. Fractionné, depuis de nombreuses années entre le Hezbollah – qui n'a jamais cessé de monter en puissance – et l'armée libanaise – qui a beaucoup perdu de sa crédibilité depuis la guerre civile et le conflit de 2006 –, le système de défense et la stabilité du pays nécessitent une présence armée internationale continuelle. Les dérégulations du système sécuritaire ont fait que le Liban doit aujourd'hui compter sur « deux armées », le Hezbollah et l'armée régulière, exemple inédit mais tellement éloquent de la faiblesse de l'État libanais et des enjeux de ce disfonctionnement. L'État et son armée devant logiquement être les seules institutions à détenir le monopole de la violence physique légitime, selon la définition wébérienne. La FINUL constitue ainsi le troisième acteur dans la défense du Liban, jonglant entre réintégration des forces armées libanaises au Sud-Liban et apaisement des tensions entre le Hezbollah et Tsahal. Alors que l'État libanais avait déserté le sud du pays depuis l'invasion israélienne de 1978, la FINUL joue un rôle de substitution en essayant, contre vents et marées, d'assurer les fonctions vitales de défense des frontières. Tâches que l'armée régulière elle-même est censée remplir au sein d'un État digne de ce nom.

Imprégné d'un fort sentiment national et d'une fierté non dissimulée, cet ouvrage nous amène à analyser la difficulté avec laquelle un Commandant en chef d'une force internationale animé d'un devoir de gestion collectif de crise et de conflit a gardé à cœur son attachement à son contingent d'origine. Pas à pas, nous découvrons ainsi le cheminement étroit et tortueux de la règle et du devoir militaire international mais aussi les questionnements légitimes d'ordre humaniste où la moindre erreur pourrait conduire à l'embrasement de toute une région de la planète.

Cet ouvrage constitue un hommage au dévouement et à l'implication des civils et militaires de la FINUL, à la réussite de leur mission et au succès de leur mandat. Les limites et faiblesses de la FINUL sont à rechercher au niveau des instances de décisions internationales. Elles ne doivent en aucun cas remettre en cause le travail de ces milliers d'hommes et de femmes venus des quatre coins du monde pour servir les intérêts d'un pays qui leur est souvent peu familier et au sein duquel ils n'ont aucun objectif particulier si ce n'est la volonté de maintenir une paix globale.

L'intérêt du travail du général Pellégrini est multiple : historique, en premier lieu, puisqu'il retrace l'installation de la FINUL au Liban depuis 1978 et explique minutieusement comment cette force est devenue partie intégrante de la vie politique libanaise ; stratégique, ensuite, car il met en relief le rôle régional et international de cette force intérimaire ; humaniste, enfin, ce livre rappelant le rôle de ces hommes et de ces femmes qui, au nom de principes et de valeurs hélas trop souvent oubliés, s'engagent aux côtés d'un pays à peine plus grand qu'un département français, de sa population éclatée pour éviter ni plus ni moins sa disparition.

Travailler et contribuer à la cessation des combats et au silence des armes sont les défis que la FINUL s'était lancés. Certains pensaient qu'elle conduirait à la paix. De nombreux obstacles, de trop nombreux acteurs sont venus limiter l'application de son mandat. Il semble cependant irréaliste et quelque peu utopiste de parler de paix dans un pays qui semble ne jamais l'avoir connue. Plus raisonnablement, il convient de parler de stabilisation où chacun à sa place devra construire et générer – même modestement – les conditions d'équilibre à cette terre unique ainsi qu'à la préservation de son âme.

Qu'il me soit permis enfin de parler de l'auteur. Non des activités militaires connues de tous et reconnues par ses pairs mais de ses qualités humaines. J'ai personnellement mal connu l'homme ; néanmoins au travers de multiples témoignages, de ses déclarations et de ses écrits j'ai découvert un homme rare, un républicain qui me réconcilie avec l'idée de la France que l'on m'a inculquée mais surtout avec ce pays qui est le mien, le Liban que j'ai quitté il y a trente-quatre ans. Au fil des pages de son livre j'ai été sensible à l'attachement qu'il porte à ce pays où il a servi en tant qu'officier de renseignement, attaché de Défense et Commandant en chef de la FINUL, à l'amour qu'il porte à sa population et à la fidélité qu'il porte au rôle de la France dans cet Orient Proche qui nous semble parfois si lointain.

Antoine J. SFEIR
Paris, septembre 2010

5 février 2004 – New York –
Présentation au Secrétaire général des Nations unies, M. Kofi Annan.

Prologue

En cette froide matinée new-yorkaise du 5 février 2004 je contemple l'East River qui charrie d'énormes glaçons le long des rives de Manhattan. Ils semblent bien petits, observés depuis le 38e étage du Quartier général de l'Organisation des Nations unies. J'y attends d'être présenté au Secrétaire général, M. Kofi Annan. La candidature française au commandement de la Force intérimaire des Nations unies au Liban (FINUL) a été retenue. J'en suis l'heureux bénéficiaire et je succéderai au général de division Lalit Tewari (Inde) le 14 février prochain. Je ne réalise pas encore totalement ce qui m'attend et me laisse aller à la satisfaction et à la fierté de me voir confier une telle responsabilité. Je suis le premier officier général français qui verra inscrire son nom sur la liste des Commandants de la Force (Force Commander), inaugurée en 1978. Depuis cette date mon pays y a été toujours présent, mais jamais au plus haut niveau.

La porte du bureau du Secrétaire général s'ouvre et son occupant m'accueille avec une affabilité extrême. Kofi Annan m'invite à prendre place auprès de lui sur un canapé où nous sacrifions à la photo traditionnelle tout en échangeant quelques formules de courtoisie. Puis, une fois la pièce évacuée, il me parle de ma mission et de la façon dont il entend que je la remplisse. Il m'impressionne par le calme et la clarté avec lesquels il s'exprime, la détermination qui sous-tend ses recommandations, et la manière directe dont il s'adresse à moi. Il est ferme dans ses propos tout en sachant faire rapidement naitre un sentiment de connivence. Ma connaissance du contexte libanais, le plaisir visible que j'ai à retourner me frotter aux complexités régionales semblent le satisfaire. L'entretien se termine trop vite à mon goût et je prends congé avec un fort sentiment de confiance envers mon nouveau chef. Ce sentiment ne sera d'ailleurs jamais entamé par quelque déception que ce soit tout au long de mes trois années de commandement.

Bien que toujours sous l'uniforme français, je suis maintenant fonctionnaire international des Nations unies et échappe à l'autorité directe du Chef d'état-major des armées. Mais je n'en oublierai pas pour autant les intérêts de mon pays dans la région ni ceux du contingent français de la FINUL. Petit à petit, au cours de ma semaine américaine, je découvre un monde nouveau pour moi, complexe, fait d'une multitude d'organisations distinctes, où le domaine militaire n'est pas forcément celui qui a la priorité. D'ailleurs la FINUL a cette particularité que le Commandant de la Force est également Chef de mission. Généralement, chaque mission de l'ONU a à sa tête un fonctionnaire international civil, le Chef de mission, qui a sous son autorité, quand il dispose de moyens militaires, un commandant de force. En ce qui me concerne, je coiffe les deux casquettes mais suis en premier lieu le représentant direct du Secrétaire général auprès des parties israélienne et libanaise. Diplomate, donc, avant d'être militaire. Administrateur aussi, car je suis responsable de la gestion de ma mission qui compte plusieurs centaines d'employés civils aux côtés de 2 000 militaires. Beaucoup de nouvelles choses à apprendre très vite, auxquelles il faut ajouter la connaissance du contexte libanais. Heureusement, ce dernier point n'est pour moi qu'une mise à jour. Je vais entamer mon troisième séjour au Pays du Cèdre où j'ai déjà passé quatre ans. Six mois en 1983, à la Force multinationale de sécurité à Beyrouth, comme chef du bureau Renseignement à l'état-major du contingent français, puis trois années et demie comme attaché de défense à l'ambassade de France de 1997 à 2000. De quoi faciliter mes débuts, d'autant qu'au fil des ans les acteurs n'ont guère changé.

J'ai un contrat initial d'un an, mais il va être renouvelé deux fois pour une période similaire. En ce 13 février je n'en escompte pas tant. Dans l'hélicoptère qui m'emmène de Beyrouth à Naqoura, où se trouve le quartier général de la FINUL, malgré une forte tempête comme les hivers libanais en ont le secret, je suis tout à la joie de mon nouveau destin sans savoir encore que je vais vivre des moments d'exception : le conflit de l'été 2006 entre Israël et le Liban. Il va totalement changer la physionomie et les tâches de la force dont je vais prendre le commandement demain.

C'est à travers cet affrontement de plus d'un mois, dont j'ai été un témoin privilégié, que j'ambitionne de faire comprendre de l'intérieur ce qu'est une mission de l'ONU. Comment elle fonctionne dans sa vie de tous les jours, quels sont ses moyens mais aussi ses limites. Comment la moindre de ses actions ou initiatives peut avoir d'importantes répercussions diplomatiques. Comment on peut chercher à l'instrumentaliser et à s'en servir. Comment aussi cette lourde mécanique est capable de se remettre en cause pour faire face à de nouveaux défis.

Sans l'embuscade hezbollah du 12 juillet 2006 le Liban n'aurait peut-être pas connu la tourmente, et la FINUL serait peut-être encore ce qu'elle était quand j'y suis arrivé. Une prise d'otages va tout changer.

Les collines d'Ayta ash Sha'b

Liban-sud. Naqoura.
Quartier général de la FINUL. 7 h 30

Comme à l'accoutumée, je commence cette journée du mercredi 12 juillet 2006 en salle de conférence avec le rituel du point de situation qui réunit les principaux responsables de l'état-major et les représentants des différents contingents. Les Italiens du Détachement d'hélicoptères (ITALAIR) sont encore tout à la joie d'une coupe du monde de football remportée de haute lutte contre la France le dimanche précédent. Les Sikhs du Bataillon indien (INDBATT) mettent au point un nouveau plan de relève de leur unité. Les cadres du Bataillon ghanéen (GHANBATT) attendent la critique de leurs tests opérationnels qui se sont déroulés le lundi précédent au cours de l'exercice « Dare not ». Les convois du Bataillon logistique polonais (POLLOG) sont déjà sur les routes. Les Français du 420e Détachement d'Infanterie Motorisé (DIM) se préparent à célébrer le 14 juillet à Beyrouth. Ils vont participer à diverses manifestations patriotiques à l'ambassade de France ou au sein d'associations de Français à l'étranger. Enfin, la cellule de planification doit faire état de sa nouvelle estimation des activités du Hezbollah dans notre zone. Une journée ordinaire, en somme, avec un soleil déjà chaud lorsque, la réunion achevée, chacun part se consacrer à ses activités.

Israël. Poste W411, entre le moshav[1] de Zarit
et la Ligne bleue[2]. 7 h 30

Le soleil est déjà monté au dessus de la colline, à l'est, où s'étire Ayta ash Sha'b, le gros bourg libanais le plus proche. Le lieutenant Nair

1. Regroupement de fermes indépendantes couplées à une coopérative à fonctions multiples. À la différence du kibboutz qui est une exploitation collectiviste où toutes les activités se font en commun.
2. Délimitation entre le Liban et Israël, tracée par l'ONU en mai 2000, au moment du retrait israélien du Liban-sud. Théoriquement, il n'y a plus aucun Israélien au nord de cette ligne.

regarde l'entrelacs de routes qui serpentent en contrebas et longent la ligne de séparation entre son pays et le Liban. Tout a l'air calme. Pourtant, pendant une bonne partie de la nuit, Nair a scruté l'obscurité pour tenter d'identifier les bruits suspects. Les systèmes de surveillance électronique qui jalonnent la clôture établie entre les deux pays ont été plusieurs fois activés au niveau du point 103. Mais pas de manière probante. Les capteurs sont censés faire la distinction entre un grillage que l'on coupe et un chacal qui gratte le sol. Cette nuit, il y a eu beaucoup de chacals !

Liban-sud. Marun ar Ras. 7 h 45

Hajj A. M., le chef de secteur du Hezbollah, ou Parti de Dieu, décroche un téléphone de campagne : ses guetteurs de Ayta ash Sha'b, le bourg voisin proche de la ligne-frontière, viennent de repérer une certaine agitation au poste israélien de Zarit. Son commandant a apparemment décidé de faire sortir un de ses éléments. Hajj A. M. jubile : son stratagème pourrait-il réussir ? Deux douzaines de ses combattants se sont infiltrés pendant la nuit de l'autre côté du double grillage. Ils ont sciemment déclenché des capteurs secondaires pour pousser les Israéliens à effectuer au matin un contrôle de routine. Hajj A. M. rend compte au PC de la zone, à Bint Jubayl, que toutes les conditions sont réunies pour l'opération.

Au cours des quatre années précédentes, le Hezbollah a tissé dans le secteur un réseau très élaboré de caches souterraines enfouies sous les maisons des villages ou en pleine nature, sous les rocailles. Elles constituent sa première ligne de défense, qu'il a baptisée « Nasr », face aux positions israéliennes de l'autre côté de la ligne d'armistice de 1949. Les observateurs internationaux et plus encore les services de renseignement israéliens en avaient sans doute une connaissance globale mais ignoraient dans ses détails la dimension, la profondeur et l'organisation de ce dispositif.

Début mai, deux mois avant l'action, le Parti de Dieu a installé dans un petit immeuble perché à la périphérie sud du village de Marun ar Ras un « centre opérationnel avancé ». Le terme de « centre » est bien pompeux pour désigner cette position provisoire. En fait, il s'agit simplement d'un des trois étages de ce cube de béton brut. Dans les deux autres vit une famille sans histoire. Par contre, dans les maisons voisines, trois groupes armés, très vigilants et invisibles, le protègent.

Dans la pièce enfumée, trois hommes attendent : Hajj A. M., le responsable de l'opération spéciale ordonnée par le Secrétaire général du Hezbollah Hassan Nasrallah, et ses deux adjoints. L'un, Hajj C, est le chef du renseignement tactique. L'autre, Abou M., commande les cinq groupes déployés depuis quarante-huit heures sur une dizaine de kilomètres, face au dispositif israélien : huit postes hérissés d'antennes et entourés de filets de protection métalliques contre les missiles qui s'échelonnent entre Zarit et Biranit. La petite équipe a veillé toute la nuit, guettant un signal des plus importants. Sur la table de bois de coffrage, une carte photocopiée maculée d'annotations au crayon gras, des tasses de thé vides, des paquets de biscuits éventrés et deux téléphones. Des combinés à l'ancienne, car rien ne vaut les liaisons par fil en ces temps d'espionnage électronique frénétique. Le premier est relié au réseau interne qui englobe une demi-douzaine de postes enterrés sous les villages les plus proches de la ligne de démarcation. Le deuxième est branché sur une ligne directe qui aboutit au PC de la Zone sud du dispositif militaire du Hezbollah caché à Bint Jubayl. C'est de là que viendra – peut-être – le feu vert de l'opération fébrilement attendue : attaquer une patrouille israélienne et enlever deux ou trois soldats de Tsahal[1]. Le but est de les échanger contre des prisonniers libanais, et aussi des Palestiniens, qui croupissent dans les geôles israéliennes depuis longtemps.

Le haut commandement du Hezbollah a bien spécifié qu'il fallait enlever des soldats « juifs, et vivants de surcroît ». Ils auront une valeur d'échange bien supérieure à celle de musulmans de l'armée israélienne, druzes ou arabes israéliens, ou même de Falachas, ces juifs noirs venus d'Éthiopie. Selon les stratèges du Parti de Dieu, l'impact émotionnel de l'enlèvement de soldats juifs sera maximal et la pression qu'exerceront leurs familles sur le gouvernement israélien sans doute très forte. Or, avant-hier, lundi 10 juillet, un message a confirmé que l'unité de réservistes actuellement déployée face au Liban achèverait sa période militaire mercredi 12 et que la 300e Brigade la remplacerait. Il ne restait donc que quarante-huit heures pour monter l'opération d'enlèvement.

Israël. Poste W411, 7 h 50

Le lieutenant Nair boutonne son gilet de combat où l'on accroche chargeurs et gourde et que les soldats surnomment « ephod » par allusion à l'étole des rabbins. L'officier croise ses hommes qui sortent des douches et les presse de s'équiper. Il échange quelques mots avec le sergent-chef Ehud Goldwasser à propos des bruits de la nuit. Quelques semaines plus tôt, avant l'aube, de tels incidents s'étaient produits, et les contrôles, au matin, n'avaient rien révélé de particulier. Nair pense que la nuit dernière aussi un groupe de personnes a pu se déplacer à proximité de la barrière. Mais de quel côté ? Plus tard, personne ne comprendra pourquoi, alors que ces signes inquiétants avaient été décelés, la patrouille est partie vérifier la barrière « comme pour aller en promenade », tel que l'a écrit par la

1. Acronyme de « Tsva Haganah Le-Israel » (Forces de défense d'Israël).

suite le général de division en retraite Doron Almog dans son rapport d'enquête. Une part d'explication tient peut-être à deux faits. Premièrement, pour cette unité de réservistes de la 3e Brigade d'infanterie c'est le dernier jour de période militaire annuelle. Vingt-huit jours fatigants, surtout depuis l'enlèvement par le Hamas à Gaza, le 25 juin, du caporal Gilad Shalit qui a eu pour conséquence le renforcement des mesures de sécurité et la multiplication des exercices. À midi, on nettoiera les locaux et on rentrera à la maison ! On laissera la place aux professionnels de la 300e Brigade, des Druzes aguerris qui connaissent le terrain. Deuxième élément à prendre en compte, plus délicat, même si la vérité est difficile à reconnaître : cette partie de la frontière est réputée être une passoire. Tout le monde sait que la contrebande de cigarettes, essence et surtout haschich s'est développée au cours des derniers mois. Plusieurs tronçons de la barrière seraient même indéfiniment « en cours de maintenance », près du village de Ghajar, plus au nord-est, et ici-même, au centre, à hauteur de Ayta ash Sha'b. Autant dire qu'il existe des passages quasi permanents vers Israël. Avec d'inévitables complicités locales. La presse n'en parle pas, même s'il y a déjà eu des arrestations en Israël. Difficile de croire, en effet, que parallèlement à la guerre larvée mais farouche que se livrent Tsahal et le Hezbollah, se déroule, plutôt tranquillement, un trafic de drogue ! Cette nuit, ce n'était peut-être qu'une « livraison » de plus. Le lieutenant paraît plus agacé que véritablement inquiet. Néanmoins, il faut aller inspecter les lieux de près.

Liban-sud. Marun ar Ras. 8 h 00

Le Hezbollah espionne l'armée israélienne sans relâche. Grâce aux progrès de la technique – lunettes monoculaires puissantes couplées à des ordinateurs – il a noté les heures de patrouilles, les relèves, les liaisons logistiques, etc. « De nombreux cadres de Tsahal ont été photographiés de jour comme de nuit, identifiés et fichés. Un logiciel – américain ! – permet de les reconnaître même quand ils changent de tenue » révèle un proche du Hezbollah. « Cela évite aussi des bavures. Par exemple, en juin, une attaque a été annulée au dernier moment : le chef du Commandement nord, le général de division Ehud ("Udi") Adam[1], visitait en famille le poste visé. L'effet aurait été contre-productif. » L'observation directe est complétée par les écoutes électroniques. Comme partout au Proche-Orient, les Israéliens utilisent leurs téléphones mobiles sans arrêt, sans prudence et sans limite ! Quant aux liaisons purement militaires, le

1. Fils du général de division Yekutiel (« Kuti ») Adam, adjoint du Chef d'état-major et responsable des opérations, tué le 10 juin 1982 au Liban, durant la Première guerre du Liban.

Hezbollah dispose d'outils très performants pour décrypter et écouter « comme si c'était en clair » les échanges radio entre les postes et même avec l'État-major.

Les guetteurs d'Ayta ash Sha'b viennent de repérer les deux Hummer[1] qui se préparent à inspecter la route. Les combattants libanais ont même capté un échange radio : les deux chefs de bord viennent de recevoir leur indicatif : le premier véhicule sera « Shimon 4 » et le deuxième « Shimon 4000 ». Hajj A. M. a la confirmation que les Israéliens sont tombés dans le panneau : ils ne vont pas faire une opération d'envergure mais un simple contrôle limité. Hajj A. M. rend compte au PC de zone, à Bint Jubayl. Il reçoit le feu vert. Aussitôt Abou M. alerte les cinq chefs des groupes disposés face aux principaux postes israéliens du secteur. Les cinq équipes de combattants du Parti de Dieu sont prêtes à faire feu.

Israël. Poste W411. 8 h 30

Les hommes de la patrouille prennent place à bord des véhicules. Le sergent-chef Ehud Goldwasser, chef de patrouille, s'installe dans l'engin de tête à côté du conducteur Moadi Razek. À l'arrière, à gauche Tomer Vayenberg, à droite le sergent Eldad Regev. Les sergents-chefs Shani Turgeman et Eyal Benin, ainsi que le sergent Wassim Nazal suivent dans le deuxième Hummer. À 8 h 45 le petit convoi s'ébranle. Il n'emprunte pas la route militaire bordée des deux hauts grillages, mais la voie plus étroite de l'ancienne route, qui serpente entre les collines, tantôt s'approche de la ligne de démarcation, tantôt s'en éloigne. Les deux voitures se suivent à seulement 20 mètres de distance et roulent lentement. Elles sont semi-blindées : leur soubassement, toute la partie arrière et les portières sont renforcés de plaques supposées arrêter des balles de petit calibre ou des éclats d'obus. On ne voit pas grand chose par les vitres latérales jaunies. La route suit une série de courbes entre deux talus couverts de buissons, pas très hauts mais qui cachent la plupart du temps le paysage. Les véhicules s'arrêtent une première fois lorsque la route passe au plus près de la clôture. Rien à signaler. Ils redémarrent et descendent maintenant vers l'épingle à cheveux qui jouxte la double rangée de grillages.

Liban-sud. Marun ar Ras. 8 h 45

Tandis qu'Abou M. donne l'ordre d'ouvrir le feu aux cinq groupes d'appui, sur l'autre téléphone le chef Hajj A. M. confirme au PC de zone de Bint Jubayl que les tirs dans la région de Ayta ash Sha'b commencent.

1. Véhicule léger de fabrication américaine qui a succédé à la Jeep.

Ce dernier répercute l'information à plusieurs autres positions du Hezbollah, de Yarine plus à l'ouest, à Chebaa au nord-est. Des dizaines d'obus de mortiers et de missiles vont frapper les postes israéliens de la Ligne bleue. L'opération « Promesse tenue » vient de commencer.

Israël. Route tactique. 8 h 50

La patrouille aborde maintenant le virage qui côtoie la double barrière. Aucun des soldats n'entend les explosions des obus de mortier et des missiles qui pleuvent sur les postes israéliens. Soudain le Hummer qui est en deuxième position explose, frappé de face par trois projectiles antichars. Amputé de son train avant, il glisse, en flammes, sur quelques mètres. Une deuxième salve le transforme en un amas de ferraille brûlante. Le premier véhicule est à son tour atteint de trois roquettes de RPG-7[1]. Moins puissantes. Six combattants du Hezbollah déboulent du talus, arrosent de rafales les épaves, arrachent les deux portières de droite de la première et s'emparent de deux soldats, Ehud Goldwasser et Eldad Regev. Ils sont blessés, inconscients. Il faut les porter. Au loin retentissent les explosions des missiles et des obus qui s'abattent, à quelques kilomètres de là, sur les fortins israéliens.

Les deux voitures gisent au milieu de la route. La deuxième brûle et celle de tête fume. Deux roquettes l'ont frappée à hauteur du soubassement, côté droit et la troisième a neutralisé le conducteur. « Au premier impact, j'ai tout de suite compris ce qui se passait », témoigne Tomer Vayenberg, rescapé de l'attaque. « Mon arme à la main je me suis précipité à l'extérieur vers les buissons du bas-côté. Au moment où je suis sorti, j'ai été touché au pied, à la main et au dos. Je n'ai pas réussi à voir si Udi[2] ou Eldad avaient eu le temps de sortir eux aussi. » Il ignore également qu'un autre de ses compagnons, Wassim Nazal, a réussi à se traîner jusqu'au fossé, à gauche des blindés. On retrouvera son corps vingt-quatre heures plus tard. Au loin retentissent toujours les explosions des missiles et des obus qui visent les postes israéliens. Une détonation plus proche indique qu'une portion du grillage vient de sauter. Arrivent deux 4 × 4 dans lesquels s'engouffrent six combattants traînant leurs otages. Les voitures repassent rapidement du côté libanais, laissant derrière elles les restes en flammes des Hummer. Elles vont contourner Ayta ash Sha'b et filer au nord, vers Bayt Lif.

Il est 9 h 05, le commandement israélien ne sait pas encore que deux de ses soldats ont été enlevés. Pour l'heure, il cherche à comprendre la

1. Lance-roquettes individuel et portatif de fabrication soviétique.
2. Diminutif de Ehud (Goldwasser).

nature et la dimension de cette vague de bombardement que rien ne laissait prévoir. Le poste de Zarit tente d'entrer en communication avec sa patrouille. Silence.

Personne n'a conscience, ni dans les rangs du Hezbollah ni au PC israélien, ni même chez les Casques bleus, qu'une nouvelle guerre vient de commencer.

Liban-sud. Naqoura.
Quartier général de la FINUL. 9 h 00

Les premiers comptes-rendus alarmants me parviennent de postes du GHANBATT situés à proximité de la Ligne bleue. La position de l'armée israélienne W418, à Biranit, est l'objet de tirs de mortier provenant du territoire libanais. Puis, très vite, la position de Zarit, subit le même sort. Nos soldats signalent des éléments du Hezbollah en véhicules qui s'approchent de la Ligne bleue. Puis ils entendent des tirs d'armes individuelles dans la zone qui s'étend entre les deux positions israéliennes. Mais la configuration du terrain interdit d'avoir des vues directes sur le lieu présumé de l'incident. Après quelque temps les véhicules réapparaissent et se dirigent vers l'est, en direction d'Ayta ash Sha'b. Des liaisons téléphoniques établies avec les Israéliens ne permettent pas d'en savoir davantage. Ils n'ont pas encore compris qu'une de leur patrouille vient de tomber dans une embuscade sur la route qui borde, côté israélien, la clôture entre les deux pays. On y découvrira plus tard la coupure pratiquée dans le grillage et par laquelle les éléments armés ont pu repartir en emmenant les deux soldats en otage.

Banlieue sud de Beyrouth. Denyieh. 9 h 30

Dans l'un de ses bureaux protégés, probablement dans les sous-sols d'un immeuble tout à fait banal, Hassan Nasrallah prend le combiné que lui tend son assistant. Ce dernier avait pour consigne de lui passer immédiatement tout appel arrivant sur cette ligne hautement protégée, directement reliée au PC de la Zone sud à Bint Jubayl. Le secrétaire général du Hezbollah sourit et bombarde de questions son interlocuteur : « Le cadeau a bien été livré ? Avons-nous des martyrs, des blessés ? Les deux soldats sont bien vivants ? Que font-ils en face ? » Deux heures plus tard, une estafette venue du sud remettra à Nasrallah, en mains propres, deux cassettes vidéo brutes de montage, celle tournée pendant l'attaque et celle compilant les préparatifs. Ils ont duré quatre mois.

Liban-sud. Naqoura.
Quartier général de la FINUL. Début d'après-midi

Les comptes-rendus à chaud permettent un premier bilan. Un char Merkava de la 7e Brigade blindée, accompagné de fantassins de la Brigade Nahal, vient de franchir la Ligne bleue en direction d'Ayta ash Sha'b pour tenter de localiser et ramener les deux otages, qui sont certainement déjà loin. Cette opération, hâtivement montée, est un échec avec pour conséquences la destruction du char par une mine à 70 mètres au nord du grillage et cinq morts supplémentaires. Les affrontements, très violents, ont fait pour la journée huit morts et cinq blessés dans les rangs de Tsahal et permis la capture par le Hezbollah du sergent-chef Ehud Goldwasser et du sergent Eldad Regev.

La situation est très grave et, pour moi il n'est bien sûr pas question de faire poursuivre le programme d'activités prévu pour la journée. Toutes les unités sont mises en alerte rouge, notre plus haut degré de vigilance et de réactivité. La liaison avec le siège de l'ONU, à New York, où il n'est encore que 2 heures du matin, est immédiate et restera permanente. Nous tentons d'établir un contact avec les parties en cause, à savoir le gouvernement libanais et l'armée israélienne, mais les interlocuteurs se font rares. Le bureau de liaison de l'Armée libanaise n'est au courant de rien et va se renseigner. Comme à l'accoutumée en de telles circonstances, côté israélien, les autorités militaires font répondre qu'elles sont en conférence et leur standard téléphonique ne veut leur faire passer aucun message de notre part. Il n'y a plus qu'à patienter et essayer de faire au mieux dans l'attente d'une riposte inévitable.

Une ligne rouge est franchie

Si la nature de cet incident n'est pas réellement une surprise, rien ne laissait prévoir le moment de son déclenchement. Le Hezbollah monte toujours ses opérations avec grand soin et discrétion et les indices de préparation sont très difficiles à déceler, surtout dans une région en majorité acquise à sa cause. À plusieurs reprises, au fil de ses discours, Hassan Nasrallah a déclaré qu'il ne renonçait pas à prendre des militaires israéliens en otages afin de pouvoir les échanger contre des Libanais retenus prisonniers en Israël. À cette époque on doit en compter trois, dont le plus connu est Samir Kantar. Ce Libanais druze, membre du Front de Libération de la Palestine, avait participé, en 1979, à une opération de kidnapping menée dans la cité balnéaire de Nahariya (Israël-nord). Il y tua trois israéliens : un policier, un civil et sa fille. Fait prisonnier, jugé et condamné en 1980 à la prison à vie, il fera partie de l'échange qui aura lieu le 16 juillet 2008 entre Israël et le Liban. Tel-Aviv récupérera alors les corps des deux soldats qui viennent d'être kidnappés.

Déjà, le 21 novembre 2005, le Hezbollah avait attaqué, dans le même but de prise d'otage, une position israélienne à Ghajar, ce village traversé par la Ligne bleue et entièrement occupé par Israël en violation des résolutions de l'ONU. Mais il y était attendu et l'échec avait été sanglant. Au moins quatre tués et un repli sous le feu. La suite montra qu'il n'allait pas renoncer pour autant.

Côté israélien, je me souviens parfaitement des propos que m'avait tenus le chef du Commandement nord d'alors, le général Benjamin Gantz, au moins un an auparavant : « Si nous avons des soldats capturés par le Hezbollah, nous mettrons Beyrouth en flammes. » Le sérieux et la détermination de l'interlocuteur ne pouvaient laisser aucun doute quant à une telle éventualité. Aussi, dès mon retour au Liban avais-je transmis le message aux plus hautes autorités de l'État. Néanmoins, comme souvent au Moyen-Orient, quand une ligne rouge est tracée, la partie concernée la considère en termes de provocation et cherche parfois à pousser le bouchon un peu plus loin, pour voir. Dans le cas présent, des erreurs d'appréciation, de part et d'autre, vont conduire à un conflit de trente-quatre jours [1].

La situation régionale n'est certainement pas étrangère à la décision d'agir du Hezbollah. Nasrallah reste cohérent avec ses déclarations et son parrain iranien ne s'est jamais opposé à un tel projet. De plus, le 25 juin précédent, dans la bande de Gaza, le Hamas a lui aussi capturé un soldat israélien, le caporal Gilad Shalit. En s'attaquant à l'ennemi commun, son opération permet au Parti de Dieu de manifester sa solidarité avec les Palestiniens et de tenter d'alléger la pression qui pèse sur eux. C'est aussi un bon moyen de « montrer le drapeau » au Liban-sud et de conforter sa présence, si tant est qu'il en ait besoin. Les années précédentes ont été émaillées d'incidents le long de la Ligne bleue, avec parfois mort d'hommes. Mais à chaque fois, par le biais de la FINUL, seul moyen possible pour établir discrètement un dialogue entre deux États officiellement en guerre, des arrêts des hostilités ont pu être négociés, permettant ainsi un retour au calme. Le Hezbollah pense probablement que, dans ce cas précis, les mêmes voies pourront être utilisées pour parvenir à un échange de prisonniers.

« Si nous avions pensé qu'il y avait une chance sur cent que l'enlèvement de ces deux soldats mène à une guerre violente et agressive, nous

1. Les journalistes et auteurs qui ont écrit aussitôt après conflit baptisèrent celui-ci « Guerre des 33 jours ». Un titre certes accrocheur mais inexact. Débuté le 12 juillet et terminé le 14 août, il a duré en réalité 34 jours.

n'aurions pas fait cette opération » admettra plus tard Nasrallah. Est-ce à dire que son analyse de la situation était erronée ? Une limite à ne pas dépasser a été franchie et les Israéliens font rapidement savoir à la FINUL qu'ils engageront toute action qu'ils jugeront utile pour récupérer leurs deux soldats sans aucun compromis possible. De son côté, le gouvernement libanais, conscient de la gravité de la situation, donne l'impression d'être dépassé et nous demande de négocier un cessez-le-feu. Requête bien illusoire. L'escalade amorcée ne peut plus être arrêtée et dès le début de l'après-midi l'aviation israélienne commence ses bombardements. Le général Dan Halutz, Chef d'état-major israélien, se fait fort de « ramener le Liban vingt ans en arrière » tandis que le Hezbollah va s'acharner à répliquer par des tirs de roquettes et de missiles.

À Zefat, passée la surprise initiale, la 91e Division, qui a en charge la défense de la Galilée, commence à rappeler ses réservistes. Les Israéliens sont décidés à mettre en œuvre des plans préparés de longue date et qui visent plusieurs objectifs. Tout d'abord, bien sûr, et c'est leur priorité, récupérer les deux otages. Ensuite, traiter la menace que représente le Hezbollah avec la plus grande efficacité possible. Sa milice, la dernière qui n'ait pas été désarmée au Liban et désignée comme illégale par les Nations unies, n'est pas seulement un danger pour la frontière nord d'Israël. Tel-Aviv la considère comme un véritable réservoir terroriste régional au Moyen-Orient, qui apporte son aide aux mouvements palestiniens dans les territoires occupés et est prêt à soutenir toute entité combattant Israël. Le but n'est pas de détruire le Hezbollah, ce serait illusoire, mais de l'affaiblir d'une manière significative et surtout de l'empêcher de tirer sur Israël. Tel-Aviv espère également, par des bombardements d'envergure à l'intérieur du territoire libanais, pousser la population à se désolidariser du mouvement chiite et inciter ses dirigeants à demander un cessez-le-feu. Il s'agit aussi d'obliger le gouvernement libanais à procéder au désarmement de la milice, comme le réclame la résolution 1559 du Conseil de sécurité des Nations unies, en date du 2 septembre 2004. Sur ce point, cette résolution n'a jamais vu un début de mise en œuvre. Enfin, Israël veut aussi provoquer le déploiement de l'armée libanaise entre Litani et Ligne bleue. Tsahal a évacué cette zone en mai 2000 et les autorités libanaises l'ont laissée depuis sous le contrôle tout-puissant et exclusif du Hezbollah. Du « Fatahland » [1] des années 80 elle est devenue le « Hezbollahland » qu'il s'agit maintenant de réduire.

Le déclenchement de l'opération surprend la communauté internationale, et en particulier le sponsor américain qui connait cependant déjà les

---

1. Nom donné au Liban-sud par les journalistes, dans les années 80, à l'époque où les mouvements armés palestiniens y faisaient la loi.

plans que son protégé va mettre en œuvre. Les objectifs israéliens vont dans le sens de la politique que mène Washington pour tenter d'établir un « Grand Moyen-Orient » en y encourageant la démocratie et des réformes économiques et sociales. Changer la donne au Liban est tentant, mais en même temps il ne faudrait pas aboutir à une disparition du gouvernement libanais dirigé par Fouad Siniora et sur lequel s'appuient les puissances occidentales. La partie qui s'engage est ardue.

L'opération « Juste récompense », vite rebaptisée « Changement de direction » débute. Elle prévoit, pour commencer, quatre jours de bombardements intensifs !

Les rares échanges téléphoniques avec le Commandement nord me font comprendre que la détermination israélienne est entière. Tsahal s'attend à des opérations longues, difficiles et coûteuses en hommes. L'heure n'est pas à la négociation. Mais l'enjeu est vital : pour les gouvernants israéliens il faut provoquer l'avènement au Liban d'un gouvernement responsable et débarrassé de la pression du Hezbollah. Les événements du 12 juillet après-midi ne tardent pas à confirmer la position israélienne. Les ponts de la route côtière sur le Litani sont détruits, bloquant le trafic depuis Tyr en direction de Beyrouth, tandis que des vedettes tirent sur des positions hezbollah le long de la côte entre le passage de Ras Naqoura[1] et Tyr. J'apprends par mon détachement permanent à Beyrouth, commandé par le colonel Salvatore Scalisi (Italie), que les avions israéliens ont aussi traité des objectifs dans la profondeur du pays. L'intention israélienne est claire : isoler le Liban-sud et y interdire tout soutien venant du nord aux combattants du Parti de Dieu qui se trouvent dans une bande de quelques kilomètres au nord de la Ligne bleue. La plupart de leurs positions connues ont cependant été évacuées et les roquettes seront fréquemment tirées à partir d'emplacements de circonstance, en pleine nature ou dans les villages. L'engagement s'annonce comme devant être total.

Ce jour-là, une équipe de liaison de la FINUL se trouve à Nahariyya, en territoire israélien, pour une réunion de travail programmée. À l'annonce de l'embuscade hezbollah, étant donné la gravité de la situation, les Bérets bleus décident de rentrer le plus rapidement possible à leur PC, à Naqoura. Lorsqu'ils se présentent au point de passage de Rosh Haniqra pour franchir la Ligne Bleue, la porte côté israélien reste résolument fermée. Craignant de subir des tirs de roquettes hezbollah, la petite

1. Situé sur une falaise en bord de mer, Rosh Haniqra (pour les Israéliens) ou Ras Naqoura (pour les Libanais) est l'unique point de passage sur la Ligne bleue. Son portail est gardé au nord par un poste de la FINUL qui jouxte la position israélienne se trouvant immédiatement de l'autre côté de la clôture.

équipe part alors au PC de la Brigade ouest de Tsahal, à Biranit, mais le commandement refuse de les laisser pénétrer dans une enceinte militaire en état d'alerte, même pour y trouver un abri. Ils rejoignent alors Haifa, espérant y être hors de portée des tirs en provenance du Liban. Par accord dûment signé les soldats des Nations Unies sont normalement sous la protection des parties en cause, et l'attitude des militaires israéliens ne laisse présager rien de bon. Au contraire, cela confirme qu'il faut s'attendre à un affrontement violent, sans comparaison avec les petites escarmouches que connaît parfois la Ligne bleue.

En fin de journée, un ami français de Beyrouth m'appelle au téléphone. Il veut savoir si, selon moi, son association d'expatriés peut maintenir le programme des festivités prévu pour le 14 juillet. Préoccupation qui me semble tout à coup bien futile. Il y aura, certes, feux d'artifice mais malheureusement pas ceux escomptés pour notre fête nationale. Nous allons vivre un mois bien plus difficile que celui auquel nos plans pouvaient nous préparer.

Une seconde guerre du Liban pour Israël

La force et l'ampleur de la riposte israélienne, accompagnée de déclarations officielles de Tel-Aviv qui ne laissent aucune place au dialogue et à la négociation, fait présager d'emblée une escalade dans l'affrontement. Les grandes puissances et les hauts responsables internationaux tentent bien de ramener chacun à la raison, mais les discours restent inopérants. Les grands acteurs mondiaux ont beau se dire fortement préoccupés et déplorer déjà victimes et dégâts, leurs bons sentiments ne peuvent avoir aucune influence sur le drame qui est en train de se nouer. Comme ils l'ont déjà fait maintes fois dans leur histoire, les Israéliens pratiquent la politique du fait accompli. L'occasion est trop bonne pour se limiter à une riposte modérée. Bien au contraire, il faut, dès le début, agir avec puissance, amener à résipiscence ce Liban qui a toujours été rebelle, et causer le plus de dommages possibles au Hezbollah qui s'y abrite. Les plans sont arrêtés depuis longtemps, il suffit maintenant de les mettre en œuvre. Vite et fort est le mot d'ordre, quitte à aller trop loin. De toute façon les alliés traditionnels, en l'occurrence les États-Unis, seront bien obligés de suivre. Comme ils l'ont toujours fait.

Si, dès le début, le concert des nations est discordant sur la manière dont Israël réagit, il est par contre à l'unisson pour dénoncer l'impuissance de la FINUL. Dès le lendemain, les déclarations ne se font pas attendre : « Comment se fait-il que la FINUL n'intervienne pas ? Elle devrait s'opposer aux bombardements, lancer des pourparlers. Et pourquoi n'aide-t-elle pas les populations ? Finalement, si la situation s'aggrave ce sera en grande partie de sa faute. » Israël en rajoute et n'hésite pas à nous accuser de collusion avec le Hezbollah. Voila une manière facile pour responsables et diplomates de masquer leur impuissance, ou leurs ambitions. L'éventail des appréciations va de la critique violente et de mauvaise foi à la compassion pour ces Casques bleus qui sont bien peu capables d'affronter une situation de guerre. Mais tous ces pays, qui soudainement découvrent le dénuement de cette force de paix, semblent oublier un peu trop vite que ce sont eux qui l'ont mise en place en 1978, et que depuis ils se sont toujours abstenus de faire évoluer son mandat. Tous les six mois ils se réunissent à New York pour le renouveler et aboutissent immanquablement à un consensus pour prolonger l'existence de la FINUL d'un semestre de plus. Ce sont bien eux qui s'accordent sur ses missions, les moyens à lui consentir et les règles d'engagement qu'elle est contrainte de respecter. Elle ne fait pas ce qu'elle veut, et c'est d'ailleurs bien ainsi. Mais alors, que l'on ne lui reproche pas les limites imposées par ses employeurs. Elle ne peut être tenue comme unique responsable de son impuissance.

Comment a-t-on pu en arriver là ? Il est certes difficile de répondre clairement et sans a priori à cette question. Il est cependant évident que l'histoire-même de la FINUL, et plus largement celle de l'ONU au Proche-Orient, permettent d'apporter des éléments de compréhension à cette situation. Pouvait-on éviter un tel affrontement ? Question connexe qui trouve aussi des éclaircissements par l'examen de la saga du Drapeau bleu dans la région. Aussi, avant de relater au quotidien les trente-quatre jours du conflit, nous nous pencherons sur la genèse de la FINUL, considérerons son environnement géographique et politique et ferons rapidement le bilan de ses heurs et malheurs jusqu'à ce mois de juillet 2006.

Ensuite, le récit détaillé de cette « Seconde guerre du Liban », telle que l'a baptisée Israël, s'efforcera de mettre en lumière les initiatives, actions et réactions des parties en cause. Il s'agit là d'un événement majeur de l'histoire de la région considéré depuis le poste du commandant de la FINUL, acteur responsable de son mandat mais également observateur particulièrement privilégié. Sa perception de la crise n'était certes que parcellaire, puisque vue du terrain, loin de la plupart des échanges diplomatiques internationaux. Mais ce regard complémentaire peut faciliter une meilleure compréhension des difficultés qu'il y a eu à influer sur la situation, ainsi que des défis auxquels la FINUL a dû faire face pour continuer à exister, tout en s'attachant à poursuivre l'accomplissement des missions fixées par les résolutions successives.

L'observation des résultats obtenus par les uns et les autres à la fin du conflit, au plan militaire et politique, amènera aussi à un bilan dont les conséquences se font d'ailleurs toujours sentir dans la région. « Divine victoire » du Hezbollah, cuisante défaite de Tsahal ? Il faut certainement qualifier l'issue en des termes plus nuancés.

Considéré du point de vue de l'ONU, le résultat majeur de ces événements est la profonde transformation qui a été imposée à la FINUL afin de lui permettre de continuer à jouer un rôle dans cette zone si critique pour le Liban et Israël.

Ce conflit a été l'élément déclencheur d'une véritable remise en cause de la manière dont le Département des opérations de maintien de la paix (DOMP), cet organisme essentiel du Quartier général (QG) de l'ONU à New York, conduit ses opérations. La Force s'est restructurée, ses règles d'engagement ont été durcies et elle a dû innover. À tel point qu'elle est devenue un véritable laboratoire où de nouveaux concepts et de nouvelles manières d'aborder le maintien de la paix ont été validés. L'examen de ces changements permettra de mieux cerner la profondeur des évolutions en cours, et d'évaluer l'influence que ces dernières peuvent avoir sur la situation régionale à court et moyen termes.

27 juillet – Entre Tyr et Naqoura –
Une station-service où le Hezbollah ne pourra plus se ravitailler.

PREMIÈRE PARTIE

L'ONU ET LE MOYEN-ORIENT

Ebel es Saqi – Le Mont Hermon depuis le PC d'INDBATT.

CHAPITRE 1

L'ONU s'installe

La porte de l'Orient

Le Liban est un long triangle pointé vers le sud, à l'extrémité est de la Méditerranée. Il est un peu plus grand que la Corse (10 452 km²) et se compose de quatre bandes de terrain parallèles à la côte. D'ouest en est : la plaine littorale, étroite et riche. Ensuite, le mont Liban culminant à 3 083 m et le Barouk qui forment une chaîne de montagnes verdoyantes, enneigées de janvier à avril, et qui abritent les derniers fameux cèdres. Puis, la plaine de la Bekaa, haut plateau tout en longueur, d'une altitude moyenne de 900 m qui s'incline doucement vers le sud. Enfin l'Anti-Liban, chaîne de montagnes rocailleuses qui constitue une frontière naturelle avec la Syrie.

La géographie physique a modelé la géographie humaine : les pêcheurs devenant aussi cultivateurs, bâtisseurs et marins hauturiers, ont inventé le commerce, l'alphabet, les maisons à étages, la pourpre, les comptoirs commerciaux. L'histoire du pays s'est façonnée au fil des multiples invasions qui se sont engouffrées en tous sens dans cette voie de passage obligé entre l'est et l'ouest. La montagne s'est transformée en forteresse où se sont retranchés successivement les rescapés des nombreux conflits de la région.

La population libanaise affiche une double spécificité : les familles qui la composent ont des religions et des cultures nettement différenciées mais elles occupent ensemble un territoire-refuge face à une suite obstinément répétitive d'ingérences étrangères. Au résultat, chacun a l'expérience – pour ne pas dire l'obligation – d'être soudé à son propre groupe mais aussi de vivre avec l'Autre. Cette incontournable coexistence des ethnies, des religions, des cultures implique bien sûr des alliances mais aussi d'épisodiques et dramatiques trahisons, depuis des millénaires et aujourd'hui encore. Ainsi va la vie d'environ 4 millions d'habitants répartis entre 18 communautés officiellement reconnues.

Sur le plan politique, le système fait le grand écart entre un mécanisme démocratique et la répartition immuable des responsabilités entre les principaux groupes religieux et socioculturels. La Constitution entérine le Pacte national, arrangement non écrit établi au moment de l'indépendance et qui définit le partage des plus hautes responsabilités entre les principales communautés. Ainsi, le Président de la République doit-il être chrétien maronite, le Président du Conseil des ministres sunnite et le Président de la Chambre des députés chiite. Il en résulte le principe de « démocratie consensuelle » qui, entre autres effets collatéraux, interdit tout véritable recensement. La répartition des sièges au Parlement étant « égalitaire » entre chrétiens et musulmans, 50 % chacun, les proportions démographiques du pays ne comptent plus. Autre effet, la notion d'état civil est oubliée : il n'y a pas de mariage civil au Liban, c'est l'affaire de la communauté religieuse des intéressés. À cela s'ajoute le poids des grandes familles – terme moins sujet à polémique que clans – particulièrement courtisées ou combattues. En période électorale, tout le groupe vote en effet comme le chef. Enfin, la « Résistance » à l'ennemi israélien justifie un découplage de fait entre les forces armées nationales et la branche militaire du Hezbollah, seule milice à ne pas avoir désarmé à la fin de la guerre civile. Ainsi va l'histoire du Liban avec ses affrontements internes, ses coalitions et ses appuis extérieurs. Lesquels attisent le plus souvent les crises, s'ils ne les déclenchent pas directement.

La « Nakba »

Le grand choc régional est la création d'Israël, en 1948. La « Nakba », catastrophe pour les Palestiniens. Le conflit israélo-arabe qui s'ensuit enflamme – déjà – la frontière sud du Liban. Les habitants d'une dizaine de villages sont chassés de leurs terres. Des tueries y sont même perpétrées, comme à Hula et Salha au cours de l'opération « Hiram », les 30 et 31 octobre 1948. Simultanément on assiste à un afflux massif de réfugiés palestiniens qui fuient la Galilée. C'est là le premier et l'un des plus importants facteurs de rupture d'équilibre politique mais aussi social que connaît le Liban. Les Palestiniens de cette première vague (100 000 à 200 000 selon les sources) espèrent alors pouvoir revenir chez eux à brève échéance. Des discours politiques le leur laissent croire. Ils s'installent dans des camps de fortune où le provisoire est une forme pathétique de l'espérance. Ils ne savent pas que la plupart d'entre eux et au moins deux générations de leurs descendants ne connaîtront rien d'autre.

Quant au Liban, il ne peut songer à ce moment-là qu'il sera, bien plus tard, parmi les derniers pays à combattre Israël. C'est pour lui le point de départ d'une série de crises qui perdurent soixante ans après. Crises liées à deux phénomènes indissociables : l'intrusion d'une volumineuse population étrangère « non-assimilable » et très difficile à contrôler, et une frontière sud qui est davantage une ligne de front qu'une limite entre deux États.

L'ONUST, première mission de l'ONU

L'histoire de l'ONU débute pratiquement avec la proclamation de l'indépendance d'Israël. Cet événement est même la première crise dans laquelle l'organisation s'implique. Elle ne quittera plus cette région qui est maintenant la partie du monde où se concentrent le plus grand nombre de missions sous le Drapeau bleu. La FINUL n'est que le dernier avatar de cette implication internationale.

Le 15 mai 1948 David Ben Gourion proclame la création de l'État d'Israël. Le lendemain la guerre éclate entre une coalition d'armées de pays arabes et les unités de la Haganah, organisation militaire juive qui va très vite donner naissance à l'Armée israélienne, Tsahal. Le 29 mai, le Conseil de sécurité, dans sa résolution 50, « demande la cessation des hostilités en Palestine » et décide que les différents cessez-le-feu et les conventions de l'armistice général à venir seraient surveillés par le médiateur des Nations Unies, le comte Folke Bernadotte[1]. Celui-ci sera assisté par un groupe d'observateurs militaires baptisé « Organisme des Nations Unies chargé de la surveillance de la trêve » (ONUST) qui se déploie dans la région dès le mois de juin.

L'ONUST exerce ses responsabilités sur le territoire de cinq États : l'Égypte, Israël, la Jordanie, le Liban et la Syrie. Toujours en place aujourd'hui et doyen des missions de l'ONU, c'est la seule mission de maintien de la paix dont le mandat n'est jamais renouvelé par le Conseil de sécurité mais doit perdurer jusqu'à l'établissement d'un traité de paix global. Elle a ajouté à ses tâches initiales une étroite coopération avec les autres missions à venir. C'est ainsi que son Groupe d'observateurs du Golan (OGG) a été placé sous le contrôle opérationnel de la Force des Nations unies chargée de l'observation du désengagement (FNUOD), et son Groupe d'observateurs au Liban (OGL) sous celui de la FINUL. Particularité importante, les observateurs de l'ONUST ne sont pas armés et leur sécurité « doit être assurée par les forces respectant la trêve ». Malgré cela, cette mission a perdu, outre le comte Bernadotte, 50 de ses membres (18 observateurs militaires, 18 soldats, 8 membres du personnel civil international et 6 membres du personnel civil local).

1. Neveu du roi de Suède, il est assassiné à Jérusalem, le 17 septembre 1948, par des membres du Groupe Stern dont Yitzhak Shamir.

Les contrecoups de la guerre des Six jours

Si, en 1967, aucun combat n'est livré aux frontières du Liban, puisque celui-ci n'a finalement participé qu'à la première guerre israélo-arabe, la guerre des Six jours y entraîne un nouvel afflux de réfugiés palestiniens et provoque une dissension au sein du pouvoir. Le Premier ministre, Rachid Karamé, demande l'entrée en guerre de l'armée, mais il est désavoué par le Président de la République, Charles Hélou, qui donne raison à son Commandant en chef, conscient des limites des moyens militaires libanais. Fait nouveau, à la fin du conflit une partie notable de la frontière libanaise avec la Syrie est désormais sous contrôle israélien : Tsahal occupe – et pour longtemps – la plus grande partie du plateau du Golan.

Mais l'effet le plus durable est sans conteste la montée en puissance du mouvement palestinien en contrepoids de l'immense déception du monde arabe devant la défaite humiliante et spectaculaire de ses armées. Les mouvements qui constituent la « Résistance palestinienne » se multiplient, s'arment et s'organisent au Liban. Ils ne tardent pas à affronter l'armée. Ce que les États arabes ne tolèrent pas chez eux, ils le préconisent pour Beyrouth. En 1969, au Caire, le Commandant en chef de l'armée libanaise, le général Elie Boustany, signe avec le chef de l'Organisation de libération de la Palestine (OLP), Yasser Arafat, un accord, entériné par le parlement libanais. Il légalise l'installation de bases armées palestiniennes au Liban-sud, d'où les fedayins[1] peuvent lancer leurs opérations contre Israël. De plus, chassés de Jordanie après « septembre noir », les dirigeants militaires palestiniens s'orientent dès 1970 vers le Liban. Les actions palestiniennes en Israël entraînent des ripostes le plus souvent disproportionnées et meurtrières pour les civils. L'ONUST est alors souvent mise à contribution pour servir d'intermédiaire dans les discussions entre les parties ou, à la demande des autorités libanaises, pour escorter les paysans lors des récoltes de tabac ou d'olives. Il s'agit d'escortes non-armées, mais elles se révèlent souvent dissuasives car fedayins et soldats israéliens évitent de commettre des bavures sous les yeux d'observateurs internationaux.

Dans le même temps de nouveaux clivages commencent à apparaitre au sein de la classe politique libanaise, et par extension parmi la population. Les Palestiniens qui sont présents au Liban y ont leurs partisans, qui épousent leur cause et les soutiennent dans leur combat contre Israël pour retourner en Palestine. À l'opposé il y a ceux qui considèrent qu'ils

1. En arabe : celui qui se sacrifie pour quelque chose ou quelqu'un. Par extension, combattant palestinien.

assistent là à l'installation d'un État dans l'État, de surcroît armé et quasiment incontrôlable, et qui veulent s'en prémunir. Ainsi tout se met en place pour qu'éclate en 1975 une guerre civile qui va ravager le pays durant quinze ans et dont il ne s'est pas encore complètement remis.

La guerre du Kippour et la FNUOD

La deuxième mission de l'ONU dans la région, par ordre d'ancienneté, est la Force des Nations Unies chargée de l'Observation du Désengagement (FNUOD), conséquence de la « Guerre du Kippour ». L'ONU en donne le résumé officiel suivant : « Le 6 octobre 1973, la guerre éclata au Moyen-Orient entre les forces égyptiennes et israéliennes dans la région du canal de Suez et du Sinaï, et entre les forces israéliennes et syriennes sur les hauteurs du Golan. Le 24 octobre, alors que les combats entre Égypte et Israël avaient atteint un stade critique, le Conseil de sécurité décida de mettre en place une deuxième Force d'Urgence des Nations Unies (FUNU II) [...] placée entre les armées israélienne et égyptienne dans la zone du canal de Suez, et son arrivée stabilisa la situation de manière efficace[1]. La tension resta par contre élevée dans le secteur israélo-syrien et, à partir de mars 1974, la situation devint de plus en plus instable. Les États-Unis prirent une initiative diplomatique qui aboutit à la conclusion, entre les forces israéliennes et syriennes, d'un "Accord sur le désengagement" ».

L'Accord, signé le 31 mai 1974, établissait une zone-tampon démilitarisée et des zones, dites « de limitation », avec plafonds imposés de forces et d'armements. Le même jour le Conseil de sécurité adopta la résolution 350 créant la FNUOD.

La FNUOD surveille la zone de séparation entre la Syrie et la partie du plateau du Golan occupée par Israël. Elle y vérifie régulièrement les effectifs militaires et y dénombre les quantités et types d'armements dans les zones de limitation. Cet espace s´étend sur environ 80 kilomètres, du nord au sud, et varie en largeur d'une dizaine de kilomètres en son centre à moins d´un kilomètre à son extrémité sud. D'aspect montagneux il est dominé par le mont Hermon. La plus haute position des Nations Unies s'y trouve au-delà de 2000 mètres d'altitude. Ce dispositif aura – comme on le verra plus tard – des répercutions sensibles sur les efforts de règlement diplomatique de la crise régionale car il inclut un espace rocailleux particulier et contesté, la zone dite des Fermes de Shebba.

1. La FUNU II fut dissoute en juillet 1979.

Troisième choc : l'invasion de 1978 et la création de la FINUL

Le 11 mars 1978, un commando palestinien venu du Liban s'infiltre en Israël et attaque un autobus et des véhicules civils entre Haïfa et Tel-Aviv : 37 morts et 76 blessés. L'action est revendiquée par l'OLP. Les forces israéliennes ripostent le 14 mars en envahissant le Liban. C'est l'Opération Litani, du nom du fleuve qui prend naissance dans la Bekaa, au sud de Baalbek, et se jette dans la Méditerranée 26 km au nord de la limite entre le Liban et Israël. En l'espace de quelques jours, elles occupent entièrement cette partie sud du pays.

Le 19 mars, le Conseil de sécurité demande à Israël (résolutions 425 et 426) de cesser immédiatement son action militaire et de retirer ses forces de tout le territoire libanais. Le Conseil décide également la constitution immédiate de la Force intérimaire des Nations Unies au Liban (FINUL).

Le 23 mars 1978, les premières troupes de la FINUL arrivent dans la région. Elles ont pour « missions de confirmer le retrait des forces israéliennes ; de rétablir la paix et la sécurité internationales et d'aider le Gouvernement libanais à assurer la restauration de son autorité effective dans la région ». La France fournit le premier et le plus important contingent. Le 23 mars, le colonel Jean Salvan débarque à la tête du 3e Régiment de parachutistes d'infanterie de marine. La mission, très vague et générale, se révélera difficile et dangereuse. Le 2 mai, le colonel est mitraillé à bout portant, il survivra malgré 18 impacts. L'adjudant Santini qui l'accompagne est tué, et le conducteur, le caporal Meresse, grièvement blessé. Le groupe palestinien auteur de l'agression n'a jamais été vraiment identifié. Le même jour le régiment avait déjà eu d'autres blessés dont le capitaine Gabigliani et le lieutenant Descamps.

Une fiche de l'ONU, rédigée quelques années plus tard, précisera que : « Depuis des années, le Conseil de sécurité maintient son engagement à assurer l'intégrité territoriale, la souveraineté et l'indépendance du Liban tandis qu'Israël continue d'affirmer que la zone qu'il occupe constitue un arrangement temporaire motivé par des questions de sécurité ».

En fait, le Liban-sud se transforme sous les yeux de la FINUL. Les organisations palestiniennes se sont renforcées non seulement dans la zone ouest de Beyrouth, mais aussi, au plus près de leur adversaire israélien, dans le croissant sud-est du pays. Le fameux « interim » qu'assume la FINUL ne permet évidemment ni d'intervenir à l'encontre des forces palestiniennes dès lors qu'elles n'attaquent pas ses personnels, ni, on le verra bientôt, de s'opposer aux actions et réactions de l'armée israélienne.

Chapitre 2

La FINUL, un intérim qui dure

1978-2000 : du Fatahland au Hezbollahland

Écorné par des escarmouches plus ou moins graves, le statu quo ne dure guère. À la suite de la tentative d'assassinat de l'ambassadeur israélien à Londres, Shlomo Argov, le 4 juin 1982 ; d'une autre visant encore un diplomate israélien à l'étranger ; et enfin du bombardement de villes en Galilée, Israël déclenche l'opération « Paix en Galilée », deuxième invasion du Liban. Des centaines de chars et de camions franchissent la frontière le 6 juin tandis que, dans la Bekaa, l'aviation détruit les bases de missiles installées par les Syriens et les avions Mig qui tentent de les défendre. Les colonnes de Tsahal bousculent les postes de la FINUL et investissent une à une les positions palestiniennes. Elles anéantissent également de nombreux chars syriens dans la Bekaa. Il apparaît rapidement que la stratégie de Tel-Aviv est de chasser du Liban les organisations armées palestiniennes une bonne fois pour toutes. Les forces israéliennes arrivent très vite à Beyrouth, en occupent la moitié est et font le siège de la partie ouest où se retranchent les fedayins. La Force militaire d'interposition (FMI) – force internationale à laquelle la France participe activement – facilite par la suite le départ des Palestiniens. Israël retire alors progressivement ses troupes jusqu'à une large frange du Liban-sud qu'elles continueront à occuper, en s'appuyant sur ce que l'ONU désigne par les Forces de facto (FDF), plus connues sous l'appellation d'Armée du Liban du Sud (ALS). Une milice de supplétifs libanais chrétiens et chiites qui sévira jusqu'en mai 2000.

En même temps que s'effondre l'organisation des combattants palestiniens au Liban, divers mouvements libanais de résistance à l'envahisseur israélien montent en puissance. Ils sont issus des milieux libanais les moins favorisés, essentiellement des populations à majorité chiite de la Bekaa, des quartiers sud de Beyrouth et du Liban-sud. Des « comités islamiques » ainsi que la branche libanaise du parti chiite irakien « ad-Daawa » prennent donc le relais des Palestiniens et mènent des opérations ponctuelles contre Tsahal.

La Syrie et Israël évitent de s'affronter directement mais continuent à se battre par Liban interposé. L'expulsion des combattants de l'OLP des abords de la frontière israélo-libanaise s'est traduite par un vide politico-militaire dans cette région. Selon la thèse de l'Américaine Judith Palmer Harik[1], professeure de sciences politiques à l'Université américaine de Beyrouth, le président syrien Hafez al Assad qui cherchait toujours à récupérer le Golan sans se lancer dans une guerre, « avait désormais besoin de deux atouts : sa propre force de substitution qui pouvait créer des troubles et des frictions afin de maintenir le problème du Golan sur le devant de la scène, ainsi qu'une aide logistique pour mettre en œuvre sa stratégie. [...] le Hezbollah et l'Iran lui fournirent ces deux atouts. » Téhéran est en pleine guerre contre l'Irak, mais reste toujours prompt à aider les Chiites là où ils se trouvent. Cela participe de sa recherche d'ouverture politique vers le monde arabe. Aussi envoie-t-il au Liban via la Syrie plusieurs centaines de Pasdarans, les Gardiens de la Révolution, pour former les combattants chiites. Il s'agit plus précisément des membres de « Fawj el-Qods », la Brigade de Jérusalem, unité d'instructeurs spécialisés qui installent sur les hauteurs de Baalbeck, dans la caserne de l'Armée libanaise Cheikh Abdallah, devenue la base « Ochak el Chahada », les amoureux du martyre. Ali Akbar Mohtachemi, alors ambassadeur d'Iran en Syrie, déclarera en 2006 avoir piloté l'opération : « Nous dispensâmes six formations aux combattants libanais. Chaque cours comprenait 300 combattants qui servaient à leur tour de formateurs »[2]. Parmi ceux-ci on trouve des cadres du mouvement Amal[3], seul représentant organisé des Chiites au Liban, dont Hussein al-Moussawi qui fait par la suite sécession et fonde Amal islamique (al-Amal al-Islami). Il devient également membre du Conseil consultatif du Hezbollah naissant, où il retrouve un autre transfuge d'Amal : Hassan Nasrallah. Tous deux reprochent à leur ancien chef Nabih Berry d'être favorable à une médiation américaine et de participer au Comité de salut national qui se met en place en juin 1982. Ce dernier comprend notamment Béchir Gemayel et Walid Joumblatt. Quant aux organisations de gauche, activement anti-israéliennes, elles constituent le 16 septembre 1982 un Front de salut national.

Pendant l'été 1982, alors que des centaines de combattants chiites continuent à être entraînés dans la Bekaa, les groupuscules ci-dessus se réunissent et fondent le Hezbollah. L'année suivante le mouvement commence à s'implanter et à se développer dans la banlieue sud de

1. *Le Hezbollah. Le nouveau visage du terrorisme*, Judith Palmer Harik, Éditions ViaMedias, 2006.
2. Interview à *Charq*, quotidien iranien, 3 août 2006, cité par Delphine Mimouni, in *Le Hezbollah. Le nouveau visage du terrorisme*, Judith Palmer Harik, Éditions ViaMedias, 2006.
3. Acronyme de « Détachements de Résistance Libanais » mais aussi « Espoir » en arabe. Dirigé par Nabih Berry depuis la disparition du fondateur, l'imam Moussa Sadr, en Libye, en août 1978.

Beyrouth, alors que l'accord israélo-libanais du 17 mai 1983 reste sans lendemain. Dès sa signature, effectuée sous la pression américaine, la Syrie réussit à le rendre inopérant en soutenant les organisations islamo-progressistes libanaises qui lui sont opposées. L'alliance du Hezbollah avec la Syrie est ainsi scellée. Puis, le 16 février 1985, le Parti de Dieu rend public son projet politique sous la forme d'un « Appel aux déshérités » alors que son expansion se poursuit. Il est maintenant au Liban-sud où sa branche armée prend le nom de Résistance islamique.

Si la révolution khomeyniste en Iran est la principale inspiratrice du Hezbollah, l'invasion israélienne du Liban de 1982 est bien le déclencheur de ses actions. Le parti n'aurait peut-être pas existé sans cette intervention militaire de grande envergure.

Les attaques contre les troupes israéliennes et leurs alliés au Liban vont désormais se multiplier. La plupart se feront bientôt sous l'emblème vert sur fond jaune frappé du mot « Hezbollah »[1]. La calligraphie très stylisée de sa première lettre représente un bras qui brandit un fusil d'assaut. Elle est surmontée d'un extrait de verset du Coran écrit en rouge (« Car ceux qui suivent le parti de Dieu seront victorieux » (al-Mā'ida, V, 56), et soulignée des mots, également en rouge : « La résistance islamique au Liban ». Un nouveau front se crée ainsi dont la spécificité et l'avenir sont difficiles à discerner dans la tourmente d'une invasion israélienne qui se juxtapose à une guerre civile qui dure déjà depuis 1975 !

Rapidement, avec l'aide puissante et efficace de deux États, l'Iran et la Syrie, les forces chiites se substituent à celles des combattants palestiniens aussi bien dans la banlieue sud de la capitale que dans tout le Liban-sud, région occupée par l'armée israélienne. Avec une différence significative et un avantage considérable sur l'OLP : on a maintenant affaire à des Libanais, pour la plupart originaires des contrées où ils se battent. Les attaques se succèdent et visent autant les implantations « occidentales », comme le cantonnement des Marines américains à l'aéroport de Beyrouth (243 tués) et l'immeuble « Drakkar » des paras français (58 morts), que les forces israéliennes installées au Liban-sud. À tel point que Tsahal est obligé de renforcer ses éléments qui, à l'origine, ne devaient apporter qu'un appui logistique à ses supplétifs libanais de l'ALS. Peu à peu les forces israéliennes s'enfoncent dans le piège d'une armée d'occupation soumise au harcèlement d'une guérilla pugnace soutenue par la population.

Si la FINUL n'a pas été en mesure de remplir complètement son mandat à l'entrée du rouleau compresseur israélien en 1982, elle tente néanmoins de limiter le conflit et de protéger la population locale des pires

1. Voir photo, p. 38.

effets de la violence. Elle n'y parviendra cependant pas toujours, comme en avril 1996 lorsque les forces d'Israël lancent l'opération « Raisins de la colère », destinée – déjà – à mettre un terme aux tirs de katiouchas[1] du Hezbollah sur les villes de Galilée. Le 18 avril, l'artillerie israélienne riposte à des tirs de mortier du Hezbollah en bombardant lourdement le village de Qana. Deux salves visent les alentours du camp des Casques bleus fidjiens où étaient réfugiés de nombreux villageois de la région. Treize obus, dont huit équipés de charges antipersonnel, tombent à l'intérieur du camp, quatre autres à proximité immédiate. Terrible bilan : 102 civils tués dont plusieurs dizaines d'enfants, de vieillards et de femmes.

Français et Américains parviennent à réunir en un même lieu, mais sans qu'ils se parlent directement, Israéliens et Libanais, en présence de délégués du Hezbollah, et, le 26 avril, tous aboutissent à un arrangement visant à préserver les civils. Écrit et non signé, ce tour de passe-passe diplomatique, qui évite de reconnaître formellement le Hezbollah, est annoncé simultanément par le ministre français des Affaires étrangères Hervé de Charrette et le Premier ministre libanais Rafic Hariri à Beyrouth ; le secrétaire d'État américain Warren Christopher et le Premier ministre israélien Shimon Perez à Jérusalem. Il stipule au point 2 que « Israël et ceux qui coopèrent avec lui ne procéderont pas à des tirs [...] contre des civils ou des objectifs du Liban » et au point 3 que « les deux parties s'engagent à ce qu'en aucune circonstance des civils ne soient la cible d'attaques et que les zones habitées et les installations industrielles ne soient utilisées comme point de lancement d'attaques ». Cet accord redonne *de facto* le droit à la Résistance de poursuivre ses actions contre des objectifs militaires. Le Groupe de surveillance, chargé de contrôler le respect des clauses de l'engagement, siègera à Naqoura, au PC de la FINUL, chaque fois qu'un incident contreviendra à l'accord. Systématiquement, il établira les responsabilités et appellera les parties à la raison. Ce comité de cinq membres (États-Unis, France, Israël, Liban et Syrie) est présidé alternativement, pour des périodes de cinq mois, par les États-Unis et la France.

2000-2006 : les dividendes de la résistance

Pendant les 22 années de contrôle par Israël d'un territoire d'une dizaine de kilomètres de large et cent de long au Liban-sud, les hostilités n'ont jamais cessé entre, les forces israéliennes et des éléments de l'ALS d'un côté, et les groupes libanais ayant proclamé leur résistance à l'occupation, essentiellement le Hezbollah, de l'autre.

1. Nom générique pour désigner les roquettes. Utilisé à l'origine par l'Armée soviétique durant la seconde guerre mondiale pour nommer ses lance-roquettes multiples.

Pour Israël, le coût de cette présence au Liban est devenu trop élevé par rapport aux avantages escomptés : 30 soldats israéliens tués en moyenne par année d'occupation, auxquels s'ajoutent les problèmes de politique intérieure inhérents à la situation. En janvier 2000, Ehud Barak, Premier ministre travailliste, annonce son intention de retirer l'armée israélienne du Liban dans le courant de l'été. Un désengagement unilatéral, les négociations avec Damas ayant tourné court. Mais dès le 16 mai, c'est-à-dire beaucoup plus tôt que prévu, les soldats de Tsahal et les hommes de l'ALS commencent à évacuer leurs positions sous des échanges de tirs. À compter du 21 mai, des dizaines de familles libanaises, accompagnées par des éléments armés, entrent dans leurs villages au fur et à mesure que les postes israéliens et ceux de l'ALS sont précipitamment abandonnés. Dans la nuit du 22 au 23 mai, les derniers camions israéliens franchissent la frontière et plusieurs centaines de cadres de l'ALS et leurs familles se replient en Israël, tandis que quelques dizaines d'autres se rendent aux autorités libanaises. En quelques jours, l'ALS a complètement disparu. Le 25 mai, le Gouvernement israélien informe le Secrétaire général de l'ONU qu'Israël a « redéployé ses forces conformément aux résolutions 425 et 426 ».

Du 24 mai au 7 juin, l'ONU définit sur le terrain, avec l'aide de la FINUL et en accord avec les parties, une ligne permettant de confirmer le retrait israélien. Cette « Ligne bleue », matérialisée en quelques endroits par un coup de peinture bleue sur le sol, ne constitue en aucun cas une frontière officielle. Elle s'appuie essentiellement sur le tracé de la ligne d'armistice du 23 mars 1949, car il n'existe effectivement pas de frontière totalement reconnue par les deux parties entre le Liban et Israël. De plus, pour Beyrouth, Israël est toujours la Palestine. En dépit de quelques réserves, notamment du Liban qui défend chaque mètre carré de son territoire national et fait rectifier de nombreuses parties de la ligne, les gouvernements israélien et libanais notent que son tracé relève de la seule responsabilité de l'ONU et confirment qu'ils la respecteront.

Le 16 juin, le Secrétaire général des Nations unies, M. Kofi Annan, fait savoir au Conseil de sécurité qu'Israël a retiré ses forces du Liban en accord avec la résolution 425 et achevé son retrait « en conformité avec la Ligne bleue » ; que, par ailleurs, les forces de l'ALS ont été démantelées et tous les détenus de la prison de Khiam libérés. Cet ancien poste militaire construit par la France du temps de son mandat avait été transformé en prison de sinistre réputation par les Israéliens. La police, la gendarmerie et des membres des forces de sécurité libanaises reprennent en main l'administration locale des villages et commencent à rétablir les réseaux nationaux de télécommunications et d'électricité, l'infrastructure routière, les systèmes de santé et de protection sociale. À la fin du mois d'août, les habitants de la région anciennement contrôlée par Israël participent pour la première fois depuis 1972 à l'élection des membres du Parlement. Avec une victoire massive des candidats du Hezbollah et de quelques membres du mouvement AMAL, son allié – et son rival dans certaines circonscriptions.

Mais qu'a fait la FINUL ?

De 1978 à 2000, c'est-à-dire depuis son installation au Liban jusqu'au retrait israélien, la FINUL conserve le même mandat, alors qu'en vingt-deux ans elle voit passer trois invasions (1982, 1993, 1996) et assiste à nombre d'interventions violentes de Tsahal. Elle ne peut venir à bout de l'occupation israélienne, et, à plus forte raison, de ses violations de l'espace aérien libanais. Elle met en œuvre des moyens modestes, inévitablement peu adaptées à ces situations extrêmes et successives, et de plus elle ne peut s'en servir à sa guise. Ses règles d'engagement ne lui autorisent l'emploi des armes que pour assurer la protection de ses membres et de ses installations. Pas question, donc, de les utiliser pour contraindre qui que ce soit à respecter les termes de la résolution 425.

La critique est facile, la réalité plutôt cruelle. En 1978, l'ONU avait donné pour mandat à la FINUL de remplir trois missions :

- *confirmer le retrait des forces israéliennes du Liban-sud,*
- *rétablir la paix et la sécurité internationales,*
- *aider le Gouvernement libanais à assurer la restauration de son autorité effective dans la région.*

Dans les faits, les possibilités d'actions concrètes des Casques bleus se sont limitées – comme pour l'ONUST précédemment – à une dissuasion fondée sur la crainte des protagonistes d'avoir à œuvrer sous les yeux de témoins qualifiés. De nombreux débordements ont ainsi été sans aucun doute évités. D'autres apports tangibles de la Force ont été le déminage (beaucoup à faire et peu de volontaires) ainsi qu'une aide sociale très précieuse pour les populations (soins, enseignement, génie civil, etc.) dont il ne faut pas oublier qu'elle est l'une des plus pauvres du Liban. Le rôle de la FINUL est celui d'un observateur qui se doit d'être impartial, qui n'a pas de moyens de coercition et qui, dès lors, déploie une importante activité humanitaire.

En janvier 2001, le Secrétaire général indiquait que la FINUL « avait mené à bien deux des trois parties de son mandat : elle a confirmé le retrait des forces israéliennes et aidé, dans la mesure de ses moyens, les autorités libanaises à mesure qu'elles revenaient dans le secteur qu'Israël avait évacué » mais notait que « le Gouvernement libanais n'avait cependant pas pris la mesure de déployer son personnel jusqu'à la Ligne bleue ». Il critiquait vivement par ailleurs « les violations de l'espace aérien libanais par l'aviation israélienne (avions à réaction, hélicoptères, drones [1]), violations qui demeurent quotidiennes ».

Les fermes de Shebba

Le 22 mai 2000, le dernier soldat israélien verrouillait la Porte de Fatimah, cette ouverture pratiquée dans la clôture qui sépare Israël du Liban à hauteur de Kafr Kila, et qui permettait à Tsahal de pénétrer en zone occupée. Quatre jours plus tard, le secrétaire général du Hezbollah, Hassan Nasrallah, soulignait dans son discours triomphal à Bint Jubayl qu'Israël ne s'était pas encore retiré de tout le territoire libanais. Il déclarait que les Israéliens « n'ont pas d'autre alternative que d'évacuer les Fermes de Shebba. Nous allons le prouver dans les jours qui viennent ». La continuation du combat du Hezbollah, le maintien et le renforcement de son armement venaient d'être annoncés, justifiés par la présence de Tsahal dans une zone que le Parti de dieu revendiquait comme libanaise.

Cet espace contesté, de 47 à près de 200 km^2 selon les différentes estimations, fait partie pour les uns du territoire libanais, pour d'autres du Golan syrien occupé par Israël. Le gouvernement libanais a produit des documents pour prouver que ce secteur est terre libanaise : des titres de propriété détenus par des habitants de Shebba, petit village de montagne au pied du mont Hermon et qui, lui, se trouve bien au Liban. D'où le nom donné à ces fermes distantes de quelques kilomètres. Ces titres sont enregistrés depuis toujours à la municipalité de Marjayoun, principale ville libanaise de la région. Mais sur les cartes, le tracé de la frontière, qui date de la période du mandat français, met les fermes en Syrie. Et il n'a jamais été rectifié depuis.

Pour tracer la Ligne bleue, les spécialistes de l'ONU ont travaillé sur ces cartes datant des années 20. Leurs auteurs, les géomètres français qui ébauchèrent à cette époque un projet de frontière entre la Liban et la Syrie, ont appliqué la méthode européenne en vigueur, elle-même fortement influencée par le rapport au terrain des militaires. Pour ces derniers, la ligne naturelle de délimitation des compartiments de terrain est le plus souvent la ligne de séparation des eaux, la ligne de crête. Elle permet, plus aisément que le fond de la vallée, de « voir » en restant dissimulé. Par contre, les frontières tracées par les Ottomans dont les sujets – paysans, éleveurs – privilégiaient l'accès équitable à l'eau, suivent, la plupart du temps, le lit des cours d'eau qui séparent, d'ailleurs naturellement, les populations. Des cartes occidentales placent donc la frontière sur les lignes de crête, tandis que les propriétaires locaux la revendiquent au fond du thalweg. En ce qui concerne Shebba, la ligne de crête passe entre le village et les fermes !

---

1. Avion sans pilote, au vol préprogrammé ou télécommandé.

Ces pâturages et vergers, longtemps exploités par ces Libanais qui en revendiquent la possession, ont de plus la réputation d'être une zone de contrebande entre Liban et Syrie (céréales, légumes et drogue dans un sens ; carburant dans l'autre, à dos d'ânes). Pour lutter contre ces pratiques, les Syriens y avaient disposé, au début des années soixante, quelques postes de leurs forces de sécurité qui se sont retrouvées face aux unités de Tsahal pendant la guerre du Kippour. À l'issue de l'accord de désengagement qui s'ensuivit, la FNUOD a inclus ce territoire dans les zones qu'elle devait surveiller. Lorsque que la FINUL fut créée, en 1978, elle n'empiéta pas sur ce secteur confié à la FNUOD et resta cantonnée au Liban.

En 2000, l'ONU est chargée, on l'a vu, non pas de délimiter les frontières internationales du Liban mais de tracer la Ligne bleue en se référant aux cartes existantes afin de fixer la ligne du retrait israélien. Situées officiellement en Syrie, les Fermes de Shebba sont alors considérées comme du ressort de la FNUOD, c'est-à-dire concernées par les Résolutions 242 de 1967, à la fin de la guerre des Six jours, et 350 qui crée la FNUOD en 1974, et non pas par la 425 qui concerne une FINUL déployée uniquement au Liban.

Le Hezbollah ne désarme pas

De 2000 à 2004, le mandat de la FINUL continue à être prorogé tous les six mois par le Conseil de sécurité, avec, à chaque fois, une réévaluation de son effectif à la baisse. L'ONU essaie de maintenir le calme le long de cette Ligne bleue qu'elle a tracée, en dépit d'échanges verbaux agressifs de part et d'autre de cette limite. Ils peuvent dégénérer, et sont parfois destinés aussi aux patrouilles de la FINUL. Souvent, du côté libanais, des violations mineures sont le fait de bergers peu enclins à modifier leurs habitudes de pacage. La ligne n'est quasiment pas matérialisée sur le terrain et les fautifs invoquent l'ignorance. Beyrouth laisse souvent faire, histoire de contester la ligne sans le dire et aussi de harceler le voisin.

Des incidents graves ne tardent pas à se produire. Samedi 7 octobre 2000 : trois soldats israéliens, Avraham Binyamin, Omar Souad et Adi Avitan sont faits prisonniers par un commando du Hezbollah à proximité des Fermes de Shebba. Le 16 octobre, le Hezbollah annonce « avoir fait prisonnier au Liban un colonel israélien ». Il s'agit d'Elchanan Tenenbaum, colonel de réserve et homme d'affaires, qui a en fait été kidnappé à Dubaï puis amené au Liban. De longues négociations aboutissent le 29 janvier 2004 à l'échange des corps de 59 militants libanais, de 30 prisonniers libanais et de 400 prisonniers palestiniens, ainsi que de cartes indiquant la localisation de mines israéliennes au Liban-sud, contre la restitution des dépouilles des 3 soldats israéliens et la libération d'Elchanan Tenenbaum. Jusqu'au bout le Hezbollah a maintenu secret l'état physique des 3 soldats. Leur enlèvement, surtout dans la région des Fermes de Shebba, zone occupée par l'armée israélienne, renforçait le prestige des combattants du Parti de Dieu. L'échange confirme la rentabilité de telles actions. Elle n'était pas la première du genre et ne serait pas la dernière. En trente ans, l'État d'Israël a relâché plusieurs milliers de prisonniers contre la libération de 19 Israéliens et la récupération des corps de 8 autres. On comprend aisément la tentation du Hezbollah de rééditer ce type d'opération : sans succès en 2005 à Ghajar, puis, avec les conséquences que l'on connaît, le 12 juillet 2006 à proximité d'Ayta ash Sha'b.

La Résolution 1559 annonce une nouvelle crise

Le Hezbollah met donc à profit l'après-retrait israélien et renforce sa mainmise sur le Liban-sud. Parallèlement à son organisation militaire, il développe un réseau efficace d'associations qui se substituent à l'État libanais, décidément trop attentiste dans ce Liban-sud libéré. Depuis longtemps déjà elles apportent une aide multiforme à la population, bien entendu en priorité dans les régions à forte concentration chiite : banlieue sud de Beyrouth, Liban-sud et Bekaa. Elles y compensent l'absence de l'État. Enlèvement des ordures dans le sud de Beyrouth, construction de dispensaires et même d'hôpitaux parfaitement dignes de ce nom, écoles, orphelinats, œuvres pour les familles des combattants devenus « martyrs »[1]. Et maintenant l'effort est mis sur cette région qu'Israël a évacuée et où les autorités libanaises n'ont pas voulu déployer leur armée. Ici le Hezbollah a les mains totalement libres et peut y asseoir une popularité précieuse et une réputation établie de « ne pas piller l'État » pour s'enrichir. Garant incontesté de l'espace compris entre Litani et Ligne bleue, il s'affirme par ailleurs comme l'auxiliaire indispensable, incontournable, et largement reconnu des forces armées libanaises dans la lutte contre l'ennemi israélien. Nouveau maître des lieux, il perturbe souvent les mouvements de la FINUL. Il n'a d'ailleurs pas l'exclusive des nuisances : la Force est toujours en butte à l'hostilité permanente d'Israël qui, pourtant, ne s'opposera jamais au renouvellement de son mandat.

Il faut souligner que cette force de l'ONU présente deux avantages considérables pour les acteurs de la région. Tout d'abord c'est le seul canal de communication entre les parties, puisqu'Israël et Liban sont officiellement toujours en guerre et ne se parlent donc pas. Ensuite elle offre un indéniable intérêt économique pour les Libanais. Autant pour l'assistance humanitaire et sociale qu'elle apporte aux populations du Liban-sud que pour les finances de l'État qui économise ce que l'organisation internationale fournit. On peut sans doute ajouter à ces aspects

1. Nom donné à ceux morts pour la cause.

positifs les rapports équilibrés du Secrétaire général qui atteste de la préservation d'un consensus minimum entre les parties.

C'est de la politique intérieure libanaise que viendra la nouvelle évolution de la situation régionale. La fin du mandat du Président de la République libanaise, Emile Lahoud, approche. Il devrait normalement quitter le palais de Baabda le 24 novembre 2004. En effet, la constitution stipule que le Président de la République ne peut être réélu qu'après un intervalle de six années. Mais un tel délai pourrait être très dommageable pour la pérennité de la mainmise syrienne, ce que Damas va s'employer à éviter ! Le 26 août, le Premier ministre libanais, Rafic Hariri, se rend à Damas (« il y est convoqué ! », affirme son entourage) et s'entend fermement suggérer par le Président syrien Bachar el Assad d'envisager une prolongation de trois ans du mandat du Président Lahoud. Il faudrait pour cela que le parlement libanais procède à l'amendement de la Constitution sur ce point, « à titre exceptionnel et pour seule fois » comme cela s'est d'ailleurs produit en 1995, à la demande du syrien Hafez el-Assad, pour proroger de trois ans le mandat d'Elias Hraoui. Le 28 août, le gouvernement libanais rend public le projet. S'ensuit une bruyante levée de boucliers de la partie anti-syrienne des leaders libanais. Le 2 septembre 2004, le Conseil de sécurité de l'ONU vote – à la majorité minimum requise (neuf voix sur quinze) – la résolution 1559 qui exige le strict respect de la souveraineté libanaise, enjoint aux troupes étrangères (en clair, syriennes) de quitter le Liban et appelle à un désarmement des milices (sous-entendu le Hezbollah et les groupes armés palestiniens). Elle souhaite également que le gouvernement libanais étende son contrôle sur tout le territoire (y compris le Hezbollahland !) et se dit être en faveur d'élections présidentielles libres et honnêtes.

Cette résolution, coproduction franco-américaine, est fort activement soutenue par Paris qui cherche à se faire pardonner une attitude de très ferme opposition à l'engagement américain en Irak. Elle surprend les capitales du Moyen-Orient car elle marque en effet un tournant radical et peu prévisible de la politique étrangère française. Personne ne s'attendait à ce que ses dirigeants, qui avaient jusque-là manifesté une attitude plutôt bienveillante à l'égard de la Syrie, notamment vis-à-vis de son jeune Président, Bachar el Assad, s'associent à Washington dont l'Irak les avait notablement éloignés. Le gouvernement libanais par la voix de son ministre des Affaires étrangères, Jean Obeid, s'élève contre cette résolution qui « menace d'exposer le Liban à de graves dangers ». Les Libanais prosyriens relèvent les « contradictions dangereuses de cette résolution qui exige à la fois le désarmement du Hezbollah et des camps palestiniens ainsi que le retrait des forces syriennes alors que celles-ci seraient, dans l'absolu, seules capables de procéder à ces désarmements » ! En fait, Français et Américains ont élaboré un texte en commun mais visent des objectifs différents : le Président français Jacques Chirac, ami personnel du Premier ministre libanais dont les rapports avec Damas sont de plus en plus tendus, est lassé de l'attitude du Président Bachar el Assad vis-à-vis du Liban et aussi de Paris, dont il néglige les signes d'ouverture, en particulier dans le domaine économique. Washington, de son côté, déjà profondément engagé dans la guerre d'Irak, entend poursuivre son projet de « Grand Moyen-Orient » qui comprend la mise au pas de la Syrie. Nombre de commentateurs en concluent que les Français, craignant d'être marginalisés dans la région, ont voulu réchauffer leurs relations avec les Américains. Quant à Rafic Hariri, on répète à Beyrouth qu'il aurait été très impliqué dans la rédaction du projet de résolution, « signant ainsi son arrêt de mort ».

Dès lors, les événements se précipitent : le 3 septembre, le lendemain de la promulgation de la résolution 1559, la Chambre des députés libanaise adopte – par 96 voix sur 128 dont celles du bloc Hariri – l'amendement constitutionnel permettant la reconduction pour trois ans du Président Emile Lahoud. Trois jours plus tard, quatre ministres druzes démissionnent et un vent de protestation anti-syrienne s'élève à Beyrouth. Le 21 septembre, le chef et député druze Walid Joumblatt lance une pétition remettant en cause la prolongation du mandat du président Lahoud. Le 1er octobre, le député druze et ministre de l'Économie et du Commerce démissionnaire Marouan Hamadé, principal allié de Joumblatt, est grièvement blessé dans un attentat à la voiture piégée où son conducteur est tué. Le 20 octobre, le Premier ministre Rafic Hariri présente sa démission – annoncée dès le 9 septembre –, « sa mauvaise entente avec le Président Lahoud risquant de plonger la direction du pays dans l'immobilisme ». Quatre jours plus tard, le député pro-syrien Omar Karamé est désigné pour former un nouveau gouvernement. À Beyrouth, l'année s'achève dans un climat tendu après que l'opposition, toutes tendances confondues, ait lancé le 13 décembre un programme commun dénonçant la tutelle syrienne et appelant à la démission du gouvernement, une première depuis 1975. Avec le ralliement des Druzes et l'appui massif de la communauté sunnite derrière Rafic Hariri, l'opposition anti-syrienne menée essentiellement jusque-là par des organisations chrétiennes, change de nature, elle devient extra-confessionnelle.

L'attentat d'Aïn el Mreisse

Le 14 février 2005, en fin de matinée, Rafic Hariri est tué dans une gigantesque explosion. L'attentat fait 22 morts et plus d'une centaine de blessés. Le Conseil de sécurité de l'ONU envoie une mission d'investigation. Dirigée par Peter Fitzgerald, commissaire divisionnaire de la police irlandaise, elle arrive à Beyrouth le 25 février et clôture son enquête le 16 mars 2005. Elle relève dans son rapport des insuffisances graves dans la préservation des lieux de l'attentat et de sérieux manquements dans le déroulement des investigations menées par les responsables libanais après l'explosion. Se basant sur ce rapport, la résolution 1595, adoptée à l'unanimité le 7 avril et approuvée par la présidence libanaise, crée une commission d'enquête internationale indépendante. La Syrie est montrée du doigt et ses meilleurs soutiens libanais suspectés. Dès le lendemain du drame, des manifestations contre la présence des soldats syriens et l'influence de Damas se multiplient au Liban. À tel point que le nouveau Premier ministre présente sa démission. Le Président Lahoud le reconduit, et Omar Karamé propose à l'opposition, qui refuse, de constituer un gouvernement d'union nationale. Le 8 mars 2005, à l'appel des chiites d'Amal et du Hezbollah, plus de 400 000 personnes manifestent au cœur de Beyrouth, place Riad el-Solh, en faveur de la Syrie. Ils formeront par la suite le Mouvement du 8 mars. Une semaine plus tard, une foule immense, multiconfessionnelle, opposée à la tutelle syrienne, converge vers un autre lieu tout proche, la Place des Martyrs. La date, 14 mars, deviendra le nom du mouvement anti-syrien. Sous la pression, à la fois libanaise et internationale, la Syrie annonce alors qu'elle évacuera ses forces du Liban « en application de la résolution 1559 ». Fin mars, plus de 10 000 soldats syriens ont quitté le sol libanais. Le reste suit rapidement et le retrait de cette armée, installée au Liban depuis vingt-neuf ans, presque jour pour jour, s'achève le 26 avril 2005.

Les élections législatives se déroulent du 29 mai au 19 juin, l'opposition anti-syrienne les remporte, même si le Hezbollah y gagne des sièges. Le 19 juillet, Fouad Siniora, qui avait été ministre des Finances et collaborateur très proche de Rafic Hariri, forme un gouvernement d'union nationale incluant le Hezbollah pour la première fois de son histoire. La situation reste cependant tendue, en particulier à Beyrouth, où se déchaîne une vague d'assassinats de personnalités connues pour leur opposition à la politique syrienne au Liban. Il s'agit pour la plupart, d'attentats à la voiture piégée : Samir Kassir, chercheur et journaliste indépendant, tué le 2 juin. Georges Hawi, ancien secrétaire général du Parti communiste libanais, tué le 21 juin. Le 12 juillet, le ministre de la Défense, Elias Murr, est très sérieusement atteint. Le 25 septembre, May Chidiac, journaliste vedette de la télévision LBC, est grièvement blessée dans l'explosion d'une bombe placée sous sa voiture. Le 12 décembre, le député et journaliste chrétien Gebran Tuéni est tué, avec deux de ses proches.

Dans le sud, l'une des répercussions les plus importantes de la véritable tornade sécuritaire et politique qui secoue le Liban, est le renforcement du Hezbollah. Il dispose désormais d'une assise politique reconnue après l'élection de ses candidats aux législatives du début de l'été puis, pour la première fois, avec l'obtention de postes de ministres dans le nouveau gouvernement.

Ces derniers événements n'ont pas de conséquences directes sur la Ligne bleue et la présence de la FINUL. À tel point qu'en août 2005, le Secrétaire général « conclut que la situation au Liban et dans la région ne justifie pas une modification du mandat de la FINUL ou toute autre reconfiguration à ce stade ». Il recommande que le Conseil de sécurité proroge son mandat jusqu'au 31 janvier 2006 sans modifier le niveau des effectifs et la composition de la Force. Et il réclame toujours, mais en vain, que le Liban déploie son armée dans la zone comprise entre Litani et Ligne bleue.

Mais la FINUL n'est pas seule au Liban, et il est utile de rappeler ici la diversité des implications de l'ONU qui est beaucoup plus présente dans le pays qu'on ne pourrait le penser. Elle y déploie les représentations de divers organismes chargés de gérer programmes et fonds – comme le Programme des Nations unies pour le développement (PNUD), l'UNRWA [1] pour les réfugiés palestiniens, l'UNESCO (Organisation des Nations unies pour l'éducation, la science et la culture) ou l'UNICEF (Fonds des Nations unies pour l'enfance). Quant à la FINUL, cette mission de maintien de la paix est placée sous le commandement d'un officier général, à la fois chef de la mission et commandant de la Force, qui rend compte au Secrétaire général. Il est son représentant avec des fonctions diplomatiques au moins aussi importantes, sinon plus, que son rôle purement militaire. Cependant, après l'adoption de la résolution 1559 et afin d'en suivre l'application, le Secrétaire général a décidé de nommer un « Représentant personnel » : M. Terje Roed-Larsen, diplomate norvégien qui avait été de 1999 à 2004 Coordonnateur spécial des Nations unies chargé du processus de paix au Moyen-Orient. Sa mission de suivi comprend bien sûr l'observation du retrait syrien. Autant d'acteurs différents pour un seul pays nécessite à l'évidence une coordination de leurs actions au niveau politique. Elle est assurée, à partir de Beyrouth, par le Représentant personnel du Secrétaire général pour le Liban-sud, M. Geir Pedersen (Norvège).

Fin 2005, on peut schématiser la situation en disant que l'adoption de la résolution 1559 a créé une profonde coupure entre partisans et détracteurs libanais de la Syrie. Elle a certes provoqué un retrait effectif des forces syriennes du Liban et apparemment de leurs services de renseignement, et entraîné un changement de majorité au Parlement. Mais elle est, d'une manière ou d'une autre, liée à l'assassinat du Premier ministre Rafic Hariri. Son application reste d'autant plus aléatoire que la seule force capable d'aider au désarmement du Hezbollah, voire de l'obtenir – l'armée syrienne –, n'est plus là. De plus, l'État libanais poursuit la difficile gestion d'une cohabitation acrobatique entre un Président de la

1. United Nations Relief and Works Agency for Palestinian Refugees in the Near East (Office de secours et de travaux des Nations unies pour les réfugiés de Palestine dans le Proche-Orient).

République de plus en plus contesté et une majorité parlementaire qui lui est hostile, elle-même ne pouvant gouverner qu'avec ses propres adversaires. Au Liban-sud délaissé par des instances étatiques impuissantes, le Hezbollah déploie sa dimension politique et sociale locale, renforce sa branche militaire, se positionne en seul protecteur du pays face à Israël. En somme il s'investit *de facto* dans une mission de chef du front antioccidental et de maître incontesté du sud de la capitale et du pays. Ses objectifs politiques sont plus que jamais à la fois régionaux et nationaux.

C'est dans ce contexte que son commandement décidera de lancer l'opération du 12 juillet 2006. Mais en avait-il seulement imaginé les conséquences ?

(Sans date) – Le drapeau hezbollah.

DEUXIÈME PARTIE

LA GUERRE

26 juillet 2006 – Ce qu'il reste de PB Khiam.

Chapitre 3

Un avion ne peut pas planter un drapeau

13 juillet – Priorité à la troisième dimension

D'emblée, les frappes aériennes s'étendent à la majeure partie du Liban : elles visent des positions hezbollah proches de la Ligne bleue, d'autres repérées dans la profondeur, mais aussi des objectifs de circonstance comme ces emplacements de tirs de roquettes choisis par le Parti de Dieu. Les infrastructures sont également touchées, en particulier les ponts et les pistes de l'aéroport international de Beyrouth. Le voici définitivement fermé pour la durée du conflit. C'est le début d'un blocus qui est également maritime avec la présence vigilante de la marine israélienne au large des côtes libanaises. Des tirs beaucoup plus ciblés, effectués à l'aide de missiles, s'en prennent à des habitations connues depuis longtemps pour abriter des responsables du Parti de Dieu, voire même de puissants sympathisants. N'est pas épargné non plus tout ce qui pourrait faciliter les déplacements en véhicules des combattants, notamment les stations-service. De son côté le Hezbollah riposte par de nombreux tirs de roquettes et missiles. Il ne se cantonne plus au traitement d'objectifs militaires, comme il a pu le faire lors d'incidents précédents, mais il s'en prend également aux agglomérations et à d'autres cibles civiles. Dès le matin, Nahariya, située à dix kilomètres au sud du passage de Rosh Haniqra, reçoit ses premiers projectiles, de même que Zefat où se trouve le Commandement nord de Tsahal. Le message est clair, si Israël veut l'affrontement, celui-ci sera total. Ce même jour les Israéliens font savoir que désormais ils tireront sur quiconque tentera de s'approcher de la Ligne bleue depuis le Liban.

Les frappes aériennes israéliennes se succèdent de jour comme de nuit : bombes et missiles tirés par des avions, missiles uniquement à partir des hélicoptères. L'artillerie n'est pas en reste qui peut atteindre l'ensemble de la zone d'opérations de la FINUL. Impossible de prévoir quelle partie du terrain sera le prochain objectif, de déterminer si certains postes sont plus exposés que d'autres, s'il est judicieux de réduire le nombre d'occupants de certaines positions pour les transférer dans d'autres *a priori* moins menacées. Bien entendu, nous sommes tous sous la protection du drapeau de l'ONU. Mais encore faut-il qu'une telle convention soit respectée. Nous verrons rapidement que ce n'est pas le cas, quelle que soit d'ailleurs la partie en cause.

Totalement impuissant, le gouvernement libanais se contente de souligner dans une déclaration officielle la responsabilité du Conseil des ministres quant à la protection des civils et la garantie de leur sécurité. Il proclame aussi son respect de la Ligne bleue et des résolutions de l'ONU. Enfin il appelle le Conseil de sécurité à faire arrêter l'agression israélienne, à établir un cessez-le-feu immédiat et à faire lever le blocus du pays.

14 juillet – Les premiers réfugiés

Face un tel déchaînement, nous assistons aux premiers mouvements importants de civils vers le nord. L'espoir d'un rapide retour au calme s'évanouit avec la déclaration du Premier ministre israélien, Ehud Olmert, qui pose comme conditions d'un cessez-le-feu : la libération des deux soldats kidnappés, l'arrêt des tirs de roquettes, et l'application de la résolution 1559 qui préconise en particulier le désarmement du Hezbollah. Son secrétaire général y répond en proclamant la « guerre ouverte ». Des familles commencent à quitter la zone située entre la Ligne bleue et le Litani pour rallier par la route parents ou amis dans la région de Beyrouth ou dans la montagne. Pour l'instant, malgré des ponts coupés, il est encore relativement facile de rejoindre les deux tiers nord du Liban. Mais ce ne sera bientôt plus le cas, alors que le flot des réfugiés ne cessera de grossir. La FINUL a un devoir d'assistance vis-à-vis de ces populations, mais elle est cruellement limitée dans ses moyens. La force ne dispose pour sa propre consommation que de quinze jours d'autonomie en vivres, eau et carburant. Rien n'est prévu pour apporter une aide aux civils et le peu que nous donnerons sera obligatoirement pris sur nos dotations. Les Israéliens s'ingéniant à détruire l'infrastructure routière pour isoler totalement le Liban-sud, nous ne pourrons être ravitaillés. Il faudra donc tenter de tenir le plus longtemps possible tout en aidant la population au mieux de nos possibilités.

Ce n'est hélas pas la première fois que la FINUL fait face aux problèmes de réfugiés et bien entendu nous avons tous à l'esprit le massacre de Qana, en 1996. Nous ne pouvons totalement exclure une réaction israélienne analogue dans les jours à venir, et n'avons pas les moyens d'héberger les civils en toute sécurité. La protection offerte par le Drapeau bleu s'est trop souvent révélée illusoire et les abris des positions peuvent tout juste contenir les occupants des postes, sans plus. Nous serions donc obligés de rassembler les réfugiés soit en plein air, soit dans des pièces au toit et aux murs bien trop fragiles pour les protéger des projectiles. Ainsi, un soldat ghanéen du poste 1-21 trouve un obus israélien de 155 mm intact, délicatement posé sur son lit après qu'il ait traversé la paroi de la chambrée sans exploser ! On imagine aisément le carnage si la munition avait fonctionné au milieu de civils rassemblés dans ce camp. La décision de fermer nos positions s'impose donc, sauf pour les blessés, bien entendu. Lorsqu'on frappera à notre porte, il faudra faire preuve de beaucoup de pédagogie pour expliquer pourquoi il vaut mieux rester à l'abri dans les caves des maisons, en attendant le moment propice pour quitter la région. Nous chercherons en permanence à collaborer avec les autorités et organisations libanaises, mais elles sont quasi inexistantes dans la zone et souvent pourvues de moyens dérisoires. Il nous restera, dans les cas extrêmes, la possibilité de créer des « safe havens » ou « abris sûrs », c'est-à-dire des zones connues de tous, clairement identifiées par des drapeaux bleus et mises sous la protection des Nations unies. Nous commençons à en dresser une liste mais encore faut-il compter sur la bonne volonté et le respect des accords internationaux par les belligérants pour que les personnes accueillies y soient en sûreté. La FINUL ne dispose pas d'armement lourd pour riposter à une agression et faire respecter ces lieux de sauvegarde.

Faute de pouvoir protéger les populations locales sur place, nous mettrons toute notre énergie à faciliter leurs mouvements. Nous escortons des convois de véhicules surchargés de passagers harassés au regard tantôt abattu, tantôt fixé avec angoisse sur des cieux devenus hostiles. Ils sont encombrés d'un bric-à-brac composé de quelques biens dérisoires mais tellement précieux à leurs yeux : seuls témoins de leur maison, leur terre, leur univers. Ces déplacements sont à très haut risque et notre compassion laisse vite place à notre souci d'assurer leur sécurité au mieux. Les colonnes peuvent être prises à partie à tout moment par l'aviation ou l'artillerie israélienne, et ce sera très vite le cas. Alors, nous tentons de négocier avec les parties, Tsahal et Hezbollah, des créneaux horaires durant lesquels, dans une zone donnée, il ne devrait pas y avoir d'action militaire. Le mécanisme fonctionnera tant bien que mal. Les convois que nous escortons sont préparés, clairement identifiés, les itinéraires précisés, les horaires arrêtés. Mais il faudra faire face aux impondérables comme ces éléments armés, peut-être non informés par leurs chefs, qui cherchent le couvert de la proximité d'un convoi pour tirer leurs roquettes sur Israël. La riposte ne se faisant alors pas attendre les civils se retrouvent, terrorisés, au milieu d'un bombardement, les uns dangereusement pétrifiés par la peur, les autres cherchant à s'abriter ou à sortir le plus rapidement possible de la zone battue.

Ce début d'exode vers le nord est également un enjeu politique qui laisse les autorités libanaises partagées sur les décisions à prendre. Le ministère de l'Intérieur nous demande par téléphone de faciliter l'évacuation de tel ou tel village tandis que le Premier ministre Fouad Siniora nous fait savoir qu'il y est formellement opposé. Quant aux représentants de la communauté chiite, Amal et Hezbollah, ils ne veulent pas entendre parler de telles opérations. Ils préfèrent voir leurs coreligionnaires demeurer sur place, en quelque sorte en otages. Leur présence rend les opérations israéliennes plus difficiles en augmentant les risques de dégâts collatéraux, toujours funestes au plan médiatique. Ils entendent également montrer que la population du Liban-sud soutient ses chefs politiques en restant sur place. Ils ne veulent pas que leurs tirs de roquettes, et les ripostes qu'ils entraînent, apparaissent comme une des causes du dépeuplement de la zone d'affrontement et favorisent la création d'un vide, qui est d'ailleurs un des objectifs recherchés par l'adversaire. Dans ces premiers jours de crise, pour toute demande d'évacuation d'un village, j'exigerai une confirmation écrite du ministre de l'Intérieur Ahmed Fatfat. Connaissant les raisonnements souvent tortueux de la presse locale, de part et d'autre de la Ligne bleue, il est plus sage de se couvrir politiquement. Sans ces précautions il serait en effet facile, par la suite, de nous accuser de contribuer à vider le sud du pays au profit d'Israël. Mais lorsque la situation s'aggravera une telle circonspection sera oubliée face à l'urgence.

Ma méfiance trouve rapidement sa justification dans les nouvelles intentions manifestées par les Israéliens. Ils me font en effet savoir qu'ils ont décidé de créer une bande de trois à quatre kilomètres de profondeur, tout au long et au nord de la Ligne bleue, et donc en territoire libanais, qu'ils entendent vider de toute présence humaine. Une fois parvenus à leurs fins, il sera alors interdit à quiconque d'entrer à pied ou en véhicule dans cette « zone spéciale de sécurité » (ZSS), telle qu'ils la dénomment déjà. Les contrevenants seront pris à partie sans sommation par les unités israéliennes installées en surveillance au sud de la Ligne bleue. Lorsque les précisions concernant cette zone nous parviennent, nous sommes atterrés. Elle contient de nombreux villages, des espaces de culture qu'il faudrait abandonner, et au bas mot plusieurs dizaines de milliers de personnes à déplacer. Un tel projet porte non seulement atteinte à la souveraineté libanaise déjà fortement agressée, et plus universellement aux Droits de l'homme, mais il est de surcroît totalement irréalisable. C'est à se demander qui a pu concevoir, ne serait-ce que techniquement, un plan aussi irréaliste et extravagant. Les responsables israéliens, de leur côté, semblent y croire, puis qu'ils commencent une campagne médiatique pour persuader les occupants de la zone en question de la quitter. Ils utilisent pour cela des haut-parleurs le long de la Ligne bleue, font des intrusions sur les radios locales et même les réseaux téléphoniques où des SMS menaçants donnent des dates limites de départ après lesquelles Tsahal ne répondra plus de rien. Le projet israélien nous est communiqué, dans ses détails, par le Commandement nord et nous le retransmettons immédiatement aux autorités libanaises qui deviennent encore plus méfiantes au sujet des évacuations. Sous la pression, elles seront cependant obligées d'en décider plusieurs. Puis, à cause d'une désorganisation croissante, elles perdront tout contrôle des populations et se contenteront d'accompagner au mieux de leurs maigres moyens les initiatives locales, tout en demandant systématiquement l'aide de la FINUL.

Alors qu'en ce 14 juillet Haïfa, située à une trentaine de kilomètres au sud de Rosh Haniqra, a déjà reçu ses premières roquettes tirées par le Hezbollah et compte huit civils blessés, nous comprenons vite que nos positions, malgré le Drapeau bleu, ne seront pas épargnées. La base de patrouille (PB) ONUST[1] de Khiam est l'objet de deux « firing close »[2] auxquels je réagis par une protestation immédiate auprès du Commandement nord. Ce ne sera malheureusement que la première d'une longue série de plaintes officielles qui n'empêcheront pas la répétition de telles violations des accords passés, y compris des « firing in »[3] cette fois-ci mortels. Les occupants du poste peuvent observer à quelques kilomètres au sud-est des éléments de l'unité Yaman, du Corps des garde-frontières israélien, qui sont entrés dans la partie nord de Ghajar. Ils sont accompagnés de puissants bulldozers Caterpillar D9 qui commencent à détruire des positions hezbollah abandonnées.

Côté libanais, les destructions de l'infrastructure routière se multiplient et les tirs ciblés visent de nouvelles habitations considérées comme suspectes. C'est ainsi qu'à Naqoura, aux portes de l'état-major de la FINUL, un missile tiré d'un hélicoptère frappe une villa. Bilan chez les civils, ou supposés par nous comme tels jusqu'à preuve du contraire : un mort et huit blessés dont cinq graves. Ils seront traités à l'hôpital indien (INDMED) du camp avant d'être évacués sur un hôpital de Tyr. À compter de ce jour les services médicaux de la Force, que ce soit au PC ou au sein des bataillons, seront sans cesse sur la brèche. Ils essaieront de traiter au mieux les urgences, de travailler en liaison avec la Croix-Rouge liba-

1. Les observateurs déployés sur la ligne d'armistice entre Israël et le Liban ont été placés sous le contrôle opérationnel du Commandant de la FINUL à la création de cette mission.
2. Terme utilisé pour caractériser un impact de projectile à l'intérieur d'un cercle dit dangereux autour d'une position, et tel que des éclats vulnérants peuvent atteindre des personnels et des infrastructures.
3. Terme utilisé pour caractériser un impact de projectile à l'intérieur d'une position.

naise chaque fois que cela sera possible, et d'assurer les évacuations vers les hôpitaux et dispensaires encore ouverts au sud du Litani. Avons-nous soigné des miliciens du Hezbollah ? C'est possible, et il serait certainement très difficile d'affirmer le contraire. Mais quand un civil blessé et sans arme nécessite des soins, les principes humanitaires, auxquels les Nations unies sont particulièrement attachées, exigent qu'il lui soit porté assistance. Parfois au bénéfice d'une certaine présomption d'innocence.

15 juillet – La tragédie de Marwahin

Le 15 juillet est marqué par le premier drame d'une longue série qui jalonnera l'histoire de ce conflit d'autant de situations intolérables. Tôt le matin, un groupe d'habitants de Marwahin, très inquiets, se présentent à PB Hin, de l'ONUST, pour y trouver protection. Ce poste, très exigu, n'est tenu que par quatre observateurs et ne peut offrir aucun abri aux solliciteurs qui, après quelques explications, s'en retournent chez eux. Peu après un autre groupe d'habitants du village fait une démarche identique auprès de la position 1-21 du Bataillon ghanéen, proche du PB. Celle de l'obus trouvé intact sur un lit. Ce poste en crête n'offre aucune protection contre les tirs directs israéliens, à l'exception de son blockhaus central dont l'espace est calculé pour la seule garnison. Le village de Marwahin, par contre, est situé à contre-pente par rapport aux positions israéliennes et échappe à leur vue. Ses maisons typiques, à la partie supérieure en terrasse ou couverte de tuiles rouges, s'organisent autour d'une vaste réserve d'eau à ciel ouvert. En restant dans les niveaux les plus bas de leurs habitations les villageois s'y trouvent plus en sûreté que mes soldats dans leur poste. Ils comprennent nos arguments et s'en retournent chez eux. Mais ce qu'ils ne nous ont pas dit, c'est qu'ils ont entendu sur les ondes les exhortations israéliennes à quitter la zone. De ce fait, et malgré nos conseils, quelques-uns s'entassent dans un minibus et un pick-up et démarrent vers le nord-ouest, en direction de Tyr. Alors qu'ils ont dépassé Shama et approchent d'Al Bayyadah, un hélicoptère israélien les prend tous deux pour cibles et tire plusieurs missiles. Dix-huit corps jonchent le terrain, essentiellement des femmes et des enfants, au milieu des débris de métal roussi et de caoutchouc brulé. Vite alertée, la FINUL arrive la première sur les lieux mais ne peut que constater le désastre. Infirmiers indiens et soldats du Bataillon logistique polonais regroupent tant bien que mal les pauvres restes, pour la plupart calcinés, pour les transporter à l'hôpital gouvernemental de Tyr. Une fois sa tâche macabre terminée, le détachement est pris à partie à sa sortie de l'hôpital par une foule agressive et en colère. Les gens savent ce qui s'est passé quelques heures auparavant, comment un hélicoptère israélien a délibérément tiré sur des voitures civiles. Dans leur émoi, ils tiennent les Casques bleus pour responsables de cette tragédie. Les véhicules blancs marqués de logos « UN » ne peuvent avancer qu'au pas, des cailloux fusent et un soldat polonais est très sérieusement blessé à un œil. Le convoi finit à grand peine par passer. Mais c'est la dernière fois, sauf réelle urgence, que nos véhicules, y compris les ambulances, iront déposer leurs blessés à cet hôpital. Désormais, un transfert auprès de la Croix-Rouge se fera à l'intérieur d'une enceinte militaire libanaise, à l'entrée de Tyr.

Impuissant, le Premier ministre libanais, Fouad Siniora, appelle en vain à « un cessez-le-feu immédiat et global sous l'égide de l'ONU ». Pour la Ligue arabe, le processus de paix au Proche-Orient est mort. Les destructions par actions aériennes se poursuivent sur l'ensemble du territoire libanais. La frontière libano-syrienne est particulièrement visée afin de réduire le plus possible l'aide logistique apportée par Damas au Hezbollah. Le quartier général de ce dernier, dans la banlieue sud de Beyrouth est en partie détruit. L'artillerie des bâtiments de la marine israélienne pilonne la côte. Elle vise en particulier les radars côtiers où l'Armée libanaise enregistre ses premiers morts. Ces navires de guerre, qui longeaient jusqu'alors impunément les rivages du Liban, évitent désormais la proximité de la capitale car la veille la corvette *Hanit* y a été sérieusement endommagée par un missile C-802 Noor, de fabrication iranienne, tiré par le Hezbollah. Seul, ou aidé de ses conseillers de Téhéran ? Quatre marins israéliens sont tués, bien que la charge du missile n'ait pas explosé. Ce coup au but, visible à l'œil nu des quartiers sud de Beyrouth, est exploité médiatiquement avec maestria par Hassan Nasrallah. En direct sur Al-Manar, la chaîne de télévision du Parti de Dieu, il annonce et commente l'attaque : « Les surprises que je vous avais promises vont commencer dès maintenant. En ce moment, en mer, au large de Beyrouth, le navire de guerre israélien qui a attaqué nos infrastructures, frappé les maisons de notre peuple, nos civils, nous le voyons brûler. Il coulera et avec lui des dizaines de soldats sionistes israéliens. » Le succès militaire est d'autant plus remarquable qu'aucun service de renseignement n'avait signalé la présence de missiles antinavires dans l'arsenal du Hezbollah.

Les objectifs choisis par Tsahal ne sont pas uniquement des sites d'intérêt militaires et de nombreux bâtiments civils subissent des destructions. Abritaient-ils tous des miliciens du Hezbollah ? Il est très difficile de l'affirmer. La localité de Hosh, immédiatement à l'est de Tyr, est plus particulièrement visée car plusieurs sites de lancement de roquettes y ont été repérés. De là a été tirée une partie des 235 munitions qui se sont abattues en Israël au cours de ces dernières vingt-quatre heures, certaines atteignant même Tibériade. À quoi il faut ajouter des tirs de mortiers. Depuis l'été 2000 nos « expatriés », les familles des personnels civils non libanais de la FINUL, habitent Hosh. Leur évacuation est en cours de préparation, mais pose problème car il est désormais impossible de rejoindre Beyrouth par la route. Il va donc falloir trouver un bateau de faible tonnage, capable d'utiliser le port de Tyr.

Enfin, la journée se termine par la première pénétration de forces terrestres israéliennes en territoire libanais, hors mis la partie contestée de Ghajar. Une incursion de quelques centaines de mètres, à proximité de Ras Naqoura, avec un bulldozer accompagné d'un char et de deux véhicules légers. Le but est de détruire une position hezbollah. De telles opérations vont être de plus en plus fréquentes, puis devenir systématiques. En cela les Israéliens restent logiques avec leur projet d'établir une zone-tampon, totalement vide, pour border la limite nord de la Galilée. Le nettoyage a commencé et ils semblent pour l'instant optimistes sur le déroulement de leur plan. C'est ce que me donne à penser le ton employé par le général Udi Adam, chef du Commandement nord, au cours d'un échange téléphonique que nous avons en fin de soirée. Pour l'avoir déjà rencontré à plusieurs reprises en son PC de Zefat, je le sais direct, mais ouvert et pondéré. Ancien élève de notre École de guerre, un passé académique commun facilite nos relations. Nous ne nous reverrons qu'une fois le conflit terminé.

16 juillet – Évacuation de Marwahin

Les tirs d'artillerie et de chars s'acharnent sur les zones proches de la Ligne bleue connues pour abriter des positions hezbollah. La situation des villages alentours devient très sérieuse et le ministère de l'Intérieur libanais nous demande d'évacuer Marwahin, de plus en plus menacé. Beaucoup d'habitants n'ont pas de moyen de locomotion, si bien que tôt le matin nous organisons un convoi à partir de Naqoura pour les transporter jusqu'à Tyr. Commandée par mon officier « renseignement », le lieutenant-colonel Castagnoli (France), accompagnée d'un élément de liaison de l'armée libanaise, la formation arrive en milieu de matinée dans un village étrangement calme. Les postulants sont finalement moins nombreux que prévu, une trentaine, et nous les embarquons rapidement. Dès que les premiers véhicules sortent du village ils sont brutalement stoppés par une salve d'artillerie qui les oblige à rebrousser chemin. Chacun cherche un abri parmi les maisons alors que les tirs se poursuivent par intermittence pendant plusieurs heures. Des obus impactent à quinze mètres du véhicule de tête, d'autres dans une zone de trente mètres autour de la colonne. Les tirs proviennent de deux positions israéliennes parfaitement observables depuis la lisière du village. Elles tirent à vue directe et ce qu'elles veulent nous faire comprendre est clair : Tsahal ne supporte pas que nous puissions contribuer à mettre des civils en sûreté. Suite au kidnapping dont s'est rendu coupable le Hezbollah, c'est le

Liban dans son ensemble qu'il faut punir. Ainsi harcelés, les villageois sont pris de panique, veulent fuir, et nos accompagnateurs militaires libanais ont beaucoup de mal à les convaincre que pour le moment rester à l'abri est la seule issue. Une vieille femme éclate en sanglots : elle a dû laisser son mari, handicapé, dans leur maison, cible de tirs violents. Un caporal libanais, Mahmoud Hammadeh, trouve le courage d'aller sous le feu chercher le vieillard pour le ramener dans ses bras auprès de sa femme, en un lieu plus sûr. Finalement, en fin d'après-midi, le convoi, grossi de nouveaux venus, pourra se diriger vers Tyr, évacuant également au passage une centaine d'habitants d'Al Bustan. Trois cents personnes auront ainsi été obligées d'abandonner leur toit. L'attitude des Israéliens est sans équivoque. Ils n'entendent pas nous faciliter la tâche, même si elle est uniquement humanitaire. Ils confirmeront par la suite ces dispositions, pour le moins critiquables, à maintes occasions.

Cette évacuation, prélude à bien d'autres, inquiète le Hezbollah. Il craint que la situation ne lui échappe et qu'il soit considéré comme responsable de cette hémorragie de population en détresse vers le nord du Litani. Il veut se poser en défenseur des habitants du Liban-sud tout en cherchant à les fixer sur place, et Hassan Nasrallah menace d'utiliser « tous les moyens contre Israël », c'est-à-dire de tirer encore plus loin dans la profondeur du pays.

Les plus hautes instances de l'ONU se manifestent. Dans la journée je reçois un appel téléphonique du Secrétaire général des Nations unies, M. Kofi Annan. Il ne peut que déplorer les événements en cours et ne saurait se prononcer sur l'avenir. Peut-être deux semaines de conflit, avant d'aboutir à un cessez-le-feu. Il a la délicatesse de s'adresser à moi en français, alors que notre langue de travail est l'anglais. Sur le ton toujours calme et cordial que je lui connais. Il s'inquiète de notre moral, je le rassure, puis il nous souhaite à tous bon courage avant de raccrocher. Son représentant à Beyrouth, M. Geir Pedersen (Norvège), s'emploie aussi à nous aider. Il appelle officiellement à la cessation des hostilités, à la protection des civils et à la libération des soldats israéliens. De leur côté, les pays du G8 formulent globalement les mêmes vœux pieux et proposent l'envoi d'une force d'interposition au Liban-sud. Y croient-ils vraiment, face à la détermination israélienne et au soutien américain ? C'est bien peu probable, mais il leur faut par tous les moyens essayer de limiter l'escalade. Même si leur proposition est pour l'instant inacceptable pour les parties, elle témoigne au moins d'une bonne volonté certaine.

Petit à petit, la situation se durcit. Les Israéliens ne veulent pas que nous nous déplacions à notre initiative dans notre zone d'opérations, que ce soit pour des patrouilles, des mouvements logistiques ou des évacuations. Pour l'instant, nous essayons tant bien que mal de conserver notre liberté de mouvement. Mais cela devient de plus en plus aléatoire. Un déplacement qui nécessitait une heure auparavant prend maintenant la demi-journée. Les destructions obligent à des détours, des tirs d'artillerie imposent de s'arrêter pour attendre une accalmie. Par là, Tsahal entend contrôler au mieux toute activité dans la région afin de pouvoir contrer les actions du Hezbollah, dont les roquettes continuent à être tirées en direction du sud, au-delà de la Ligne bleue. Certains de ses éléments, comme ils l'ont déjà fait en d'autres occasions, recherchent la proximité des postes de la FINUL pour se mettre en batterie. Ils espèrent que l'adversaire hésitera à riposter sur ces emplacements, de crainte de toucher des représentants de l'ONU. On verra très rapidement qu'il n'en sera rien et que l'artillerie, voire l'aviation, n'hésiteront pas à traiter des objectifs si proches de nos postes qu'ils représentent un très sérieux danger pour mes hommes. Mais, à partir du moment où les Israéliens ont été la cible de tirs, où ils ont peut-être essuyé des pertes, peut-on réellement leur en vouloir de prendre le risque de dégâts collatéraux sévères pour les Soldats de la paix ? Nous passerons de plus en plus de temps dans les blockhaus.

17 juillet – Premiers morts à la FINUL

Nos employés civils expatriés font partie des familiers de nos unités. Ils sont en charge d'une grande partie du soutien logistique de la Force, assurent nos liaisons radio et téléphoniques avec l'extérieur, entretiennent et réparent quantité de matériels, et leur dévouement nous est précieux. L'un d'entre eux, le Nigérian Augustin Bielonwu promène un sourire toujours affable au Service des achats où il est employé. Avec son épouse Modupeola, il s'est installé depuis plusieurs années à Hosh, ville qui abrite bon nombre de nos familles. Mais la zone est devenue agitée, car elle comporte des positions de tir hezbollah. Craignant des ripostes, nous avons sensibilisé les Israéliens sur la concentration de nos ressortissants dans cette région.

Ce 17 juillet vers 20 h, des voisins, qui sont également des nôtres, nous signalent que deux bombes aériennes sont tombées sur le quartier. Elles ont endommagé un immeuble heureusement sans faire de victime, mais la villa que partage le couple Bielonwu avec leur propriétaire libanais a été touchée de plein fouet. La maison s'est écroulée comme un château de cartes, dérisoire mille-feuille de parpaings maintenant envahi par le silence. La voiture d'Augustin est garée sur le parking tout proche, le couple ne répond à aucun de nos appels sur le réseau radio de sécurité et personne ne les a vus. Nous sommes très inquiets, et il faut coûte que coûte les retrouver, les assister et, avec un peu de chance, les soigner. Vite. J'ordonne au Bataillon chinois (CHINBATT), une unité spécialisée dans le génie, d'envoyer des moyens lourds sur les lieux pour fouiller les décombres. Hélas, l'entreprise promet d'être difficile : nos sapeurs sont cantonnés à Al Hinniyah, à une dizaine de kilomètres au sud de Tyr, et doivent emprunter le long de la côte un axe coupé en plusieurs endroits. Des largages de bombes effectués par les Israéliens ont laissé des cratères de trois à quatre mètres de profondeur et d'une quinzaine de mètres de diamètre impossibles à combler rapidement. Il faudra les contourner et ouvrir des itinéraires improbables à travers les champs d'orangers et les bananeraies. J'adresse un message aux Israéliens pour leur demander d'épargner la route côtière, le temps de rejoindre les lieux, et la colonne se met en mouvement au milieu de la nuit, consciente des obstacles qu'il lui faudra franchir. Après seulement quelques kilomètres elle tombe sur une première coupure, un pont détruit sur un canal, qu'il faut déjà laborieusement contourner avant de retrouver la route À peine le détachement a-t-il repris sa progression qu'un avion israélien largue une nouvelle bombe, quelques centaines de mètres en avant du premier véhicule. Voilà le convoi totalement bloqué entre ce nouveau cratère et le pont dévasté et, cette fois, plus aucune alternative ne s'offre à lui : il est obligé de rebrousser chemin jusqu'à sa position. À l'évidence, Tsahal ne veut pas nous laisser nous déplacer dans notre zone d'opérations, quelle qu'en soit la raison. Parallèlement, nous avions cherché d'autres itinéraires plus à l'est, mais les renseignements donnés par les postes se sont révélés totalement négatifs : toutes les approches sud et sud-est de la région de Tyr sont coupées. Plus question de déplacer nos bulldozers qui ne peuvent être acheminés sans leurs imposants porte-chars. Il ne nous reste plus qu'à trouver ce type de matériel directement à Tyr. C'est la mission que je donne à mon petit détachement qui se trouve depuis le début du conflit, avec les familles de nos expatriés, dans l'ancienne Sour phénicienne. À son tour, il s'active. Sur les lieux du drame, quelques-uns de nos hommes ont ordre de veiller en permanence autour des décombres. Le jour se lève et l'espoir faiblit tandis que la longue attente se poursuit. Les secours piétinent devant les obstacles mais ne renonceront pas.

18 juillet – Après les réfugiés, les évacués

Depuis la veille plusieurs pays, dont la France, ont commencé à évacuer leurs ressortissants par bateau depuis Beyrouth. Dans notre zone, les colonnes de véhicules civils qui font route vers le nord se multiplient, à mesure que tirs d'artillerie et bombardements par avion gagnent en intensité. Ces flots sont la plupart du temps incontrôlés et chacun tente de franchir au plus vite le Litani, dans l'espoir que la situation sera plus calme au nord du fleuve. Ce qui se révélera être malheureusement bien souvent une erreur. Parfois, quelques voitures s'accrochent à la queue d'un de nos convois. Leurs occupants espèrent ainsi bénéficier d'une certaine protection en nous suivant. Ce sera le cas quelquefois mais les Israéliens me font savoir qu'ils n'acceptent pas de telles pratiques, car seuls les convois qu'ils programment et autorisent devraient bénéficier de conditions de sécurité suffisantes. Pour l'instant je n'accepte pas ce diktat, mais combien de temps pourrai-je tenir ?

Les réfugiés, qui sont des Libanais qui fuient la zone des combats et qui restent au Liban, sont une chose. Mais il nous faut également traiter le cas des ressortissants étrangers qu'il faut eux évacuer. Ils se sont pour la plupart signalés à leur ambassade ou leur consulat et demandent bien sûr à être rapatriés. Les liaisons routières sont maintenant coupées avec Beyrouth, et beaucoup de représentations étrangères n'ont pas les moyens, ou la volonté, de récupérer leurs compatriotes. C'est donc la FINUL qui va s'en charger. D'ailleurs, au cas où nous ne l'aurions pas fait, de nombreux appels téléphoniques de diplomates sis dans la capitale sont là pour nous rappeler notre devoir, parfois de façon peu amène. Certaines personnes expatriées se font connaître en rejoignant le poste FINUL le plus proche de leur lieu de résidence. D'autres doivent être localisées avant qu'une mission soit organisée pour les récupérer. Cette seconde option est plus compliquée mais tant bien que mal nous commençons à rassembler les candidats au départ à Tyr, au complexe hôtelier « Rest House », fleuron du tourisme local avec ses chambres aux terrasses s'ouvrant sur une piscine et sur la plage. Nous déclarons cette emprise « safe haven » et la protégeons avec un détachement armé renforcé d'une équipe médicale et d'une équipe administrative. Un élément de l'Armée libanaise est également présent pour nous épauler. Ceci n'empêche pas le Hezbollah de tirer des roquettes à partir de la plage. Je proteste à nouveau auprès des autorités libanaises… pour la forme. Car nous sommes sans illusion sur la suite qui y sera donnée. D'autant que le Hezbollah a bien fait savoir, par la voix de son allié, le guide suprême de la révolution iranienne Ali Khamenei, qu'il ne désarmera jamais.

Les documents de voyage de chaque candidat au départ sont vérifiés car nous ne pouvons faire quitter le territoire libanais qu'aux étrangers. Ils seront embarqués sur un bateau, encore hypothétique, à destination de Chypre qui refuse catégoriquement d'accueillir dans le lot des Libanais. S'ils veulent quitter leur pays ces derniers doivent le faire selon d'autres procédures, et par d'autres voies. Se pose alors le cas des Libanais qui possèdent une double nationalité et qu'il faut gérer avec tact mais néanmoins une extrême rigueur. En plus de leur passeport libanais, ils détiennent celui d'un autre pays et ils ont donc droit au départ. Mais ils se présentent souvent accompagnés de parents qui, eux, n'ont que leur carte d'identité libanaise. Elle ne saurait suffire. Nous sommes alors obligés de faire le tri et de n'accepter que ceux qui ont un document étranger. Ce qui entraine de longues et pénibles discussions.

À ces ressortissants étrangers viennent s'ajouter l'ensemble de ceux qui dépendent directement de l'ONU : à savoir les familles de nos personnels civils non libanais, nos personnels civils non libanais qui ne sont pas considérés comme indispensables, et enfin les familles des observateurs de l'ONUST. La FINUL, bien que son « F » signifie « force », est avant tout une mission de l'ONU. C'est-à-dire qu'elle comporte certes une composante militaire prédominante, mais compte aussi, pour son soutien, des personnels civils, fonctionnaires de l'Organisation. Ces derniers, quand les conditions de sécurité sont jugées acceptables, peuvent être accompagnés de leur famille. En effet, si le séjour d'un militaire est relativement court, de quatre mois à un an selon les contingents, le civil de l'ONU reste pour sa part en poste plusieurs années. Jusqu'à présent la situation plutôt calme n'interdisait pas la présence de familles, sans pour autant les autoriser à résider dans la zone d'opérations. La plupart habitent dans la région de Tyr, quelques-unes à Beyrouth. Étant donné notre isolement, ces dernières sont prises en compte par ma représentation permanente dans la capitale libanaise.

Le cas des employés civils considérés comme indispensables est beaucoup plus épineux. Il est évident qu'en période de crise nous avons besoin du maximum de monde, d'autant qu'il n'est plus question de limiter le temps de travail aux heures légales d'ouverture des bureaux, station radio et autres garages et ateliers. Mais je suis cependant dans l'obligation, avec l'aide de mes chefs de bureau et de service, d'évaluer qui est jugé comme essentiel et doit donc rester, et qui peut quitter la Mission. Afin de sauvegarder du danger le plus grand nombre de personnes possible. Les choix sont difficiles mais nous parvenons à alléger les effectifs de quelques éléments. Au moins, durant le transit vers Chypre, les partants pourront s'occuper des familles et aider les autres étrangers évacués. Pour l'anecdote, ces personnes, dites « non essentielles », doivent rejoindre leur lieu de résidence dans leur pays respectif, et y attendre d'être rappelés pour retourner dans leur mission. Elles ont alors droit à une indemnité journalière nettement supérieure à la prime de risque perçue par ceux qui restent sur place. De quoi susciter des vocations !

À l'inverse, nous sommes contraints d'évacuer des employés civils extérieurs à l'ONU qui nous sont pourtant indispensables. Il s'agit des mécaniciens de la société finlandaise Patria chargés de la maintenance des quarante véhicules blindés de transport de troupe Sisu répartis dans les bataillons. La situation nous oblige, en permanence, à mettre à contribution ces matériels finlandais, propriété de l'ONU, et leur disponibilité est cruciale. Le contrat qui lie les spécialistes de Patria à la FINUL stipule qu'à partir du moment où leur sécurité ne peut plus être assurée, ils doivent être rapatriés. Ce sont encore là les restes de cette conception surannée du maintien de la paix selon laquelle, sous Chapitre 6 de la charte des Nations unies, la sécurité que les parties en cause s'engagent à fournir aux soldats de la paix suffit à leur sauvegarde. Un angélisme politique qu'il ne serait pas correct de remettre en cause, sous peine de porter atteinte au consensus, parfois bien fragile, qui existe entre les États membres de l'Organisation. Toujours est-il qu'au moment où nous en avons le plus besoin ces personnes vont devoir nous quitter. Il ne reste qu'un seul mécanicien libanais qui, malgré ses propres soucis de famille, restera fidèle à son poste durant tout le conflit et se donnera sans compter pour remettre en état le maximum de véhicules.

Enfin, le dernier contingent de personnes à évacuer est composé des quelques familles des observateurs de l'ONUST. Elles habitent toutes à Tyr. Le statut d'observateur, au sein des Nations unies, est très différent de celui du militaire qui effectue un séjour en unité constituée. Ce dernier vient obligatoirement en célibataire et vit en poste, tandis que l'observateur est, d'un point de vue logistique, totalement autonome et logé en dehors des enceintes de la Force. Il passe plusieurs jours à travailler dans sa base de patrouille puis a droit à des jours de récupération à domicile. Bien que, normalement, les familles ne soient pas autorisées à les accompagner dans de tels séjours, les observateurs sont néanmoins parvenus à quelques arrangements avec l'état-major new-yorkais. Ce dernier craint de manquer de volontaires à cause de conditions de vie et de travail considérées par trop spartiates, et il tolère la venue des parents directs. Théoriquement, aux risques et périls du chef de famille. En cas de crise, leur évacuation est à sa charge. Ce devrait donc être le cas pour les observateurs placés sous mon contrôle opérationnel mais il n'est désormais plus possible de rejoindre l'aéroport de Beyrouth. Alors que leurs familles sont seules et en danger sans eux, ces officiers n'ont pas forcément la sérénité nécessaire au bon accomplissement de leur mission dans leur casemate, quelque part sur la Ligne bleue. Heureusement, bien que ce problème soit de la responsabilité du commandant de l'ONUST, qui se trouve bien loin de là, à Jérusalem, j'ai fait planifier cette hypothèse depuis longtemps et la FINUL assumera.

Pour l'instant, je sais que le Quartier général, à New York, est à la recherche d'un bateau pour assurer une évacuation à Chypre, d'où il sera ensuite possible de trouver des avions civils pour les grandes destinations. Je n'ai aucune indication sur la date de l'opération mais je dois faire attendre les futurs évacués dans les meilleures conditions de sûreté possibles. Les ressortissants étrangers ne dépendant pas de l'ONU sont rassemblés au Rest House déjà bien plein. La protection contre les tirs est acceptable, sans plus, et tous les endroits favorables sont occupés. Je décide donc que les familles des personnels civils de la FINUL, et celles de l'ONUST resteront sur leurs lieux de résidence et s'abriteront dans les caves. Beaucoup d'entre elles ont pour premier réflexe de vouloir rejoindre le PC de la Force, à Naqoura. Malgré des avis contraires, je juge cela déraisonnable. Tout d'abord parce que nous n'avons pas d'abris à offrir. Ensuite, parce que venir à Naqoura oblige à un déplacement en véhicules par un itinéraire dangereux d'une trentaine de kilomètres, et déjà coupé en plusieurs endroits. Enfin, parce que lorsque le bateau arrivera à Tyr, je ne suis pas certain que les familles partant de Naqoura puissent rejoindre à temps le lieu d'embarquement. Je préfère donc qu'elles restent à Tyr où j'ai aussi mon détachement qui conserve un contact permanent avec elles.

Les tirs des uns et des autres se poursuivent à un rythme élevé. Pour cette seule journée, les postes ont enregistré une quinzaine de « firing close » et un « firing in » : l'obus hôte indésirable de la chambre ghanéenne de 1-21. Ils ont compté 130 mouvements aériens au-dessus de notre zone. En quelques endroits nous observons des incursions terrestres israéliennes au nord de la Ligne bleue, mais encore de faible profondeur. Le 299ᵉ Bataillon « Herev » cherche à progresser en direction de Marwahin. Malgré cela nous essayons de poursuivre nos mouvements, que ce soit au profit de la population : évacuations sanitaires, ravitaillement ou escortes de réfugiés ; ou pour nos propres besoins opérationnels et logistiques. Tsahal nous demande de nous déplacer uniquement avec nos transports de troupe blindés, mais je n'en ai que quarante pour les 2 000 hommes de la Force. Et comment fournir de l'eau potable, ou du carburant sans utiliser de camion-citerne ? Bien sûr, il y a les jerrycans, mais encore faudrait-il en posséder un nombre suffisant. Dans sa grande mansuétude le Commandement nord-israélien nous autorise cependant à nous déplacer sur la route côtière, de Naqoura à Tyr, par groupe minimum de quatre véhicules légers ! Il sait pourtant bien que l'aviation a déjà sérieusement limité les possibilités d'utiliser cet itinéraire. Il insiste par ailleurs sur le fait que tout mouvement entrepris est le fruit de ma seule initiative et qu'il ne pourrait être tenu pour responsable de quelque incident que ce soit. À bon entendeur salut.

J'ai maintenant l'impression que le conflit s'installe dans la routine. Ce 18 juillet le Hezbollah enregistre cependant un nouveau record avec 384 roquettes et tirs de mortier en direction d'Israël. Tandis que nos postes subissent 7 « firing close », type d'incident qui devient quotidien. Mes protestations officielles et systématiques n'émeuvent pas les Israéliens. L'exode vers le nord des civils qui résident dans notre zone d'opérations se poursuit. Pour l'accompagner et de manière à mieux accorder nos efforts avec ceux des quelques autorités libanaises encore actives, nous mettons sur pied à Marjayoun une cellule de coordination auprès de l'état-major de la Joint security force (JSF). Officiellement, il s'agit d'une force composite de 1 000 hommes (500 venant des Forces de sécurité intérieure, 500 de l'Armée libanaise) que le gouvernement a mise en place au sud du Litani à l'issue du repli israélien de mai 2000. Elle a pour mission de veiller à la sécurité dans une zone qui correspond sensiblement à la zone d'opérations de la FINUL. Elle n'est toutefois pas autorisée par les autorités de Beyrouth à se rapprocher de la Ligne bleue.

Quelques produits alimentaires récupérés à Tyr peuvent être distribués dans les villages. Mais en quantité nettement insuffisante pour une zone où se terrent encore plusieurs centaines de milliers de civils. New York m'informe que le bateau affrété pour évacuer les ressortissants étrangers pourrait arriver demain à Tyr. Il doit appareiller de Chypre qui devient ainsi notre véritable base arrière grâce au dévouement d'une autre mission de l'ONU, l'UNFICYP[1], qui y est établie depuis 1964. Cette mission accueillera un petit détachement administratif prélevé à Naqoura, et sera d'un grand secours pour nous aider à résoudre tant nos problèmes de réfugiés, que les évacuations sanitaires et les besoins urgents en approvisionnements de toutes sortes. Tout ceci, bien sûr, en fonction de nos possibilités de mouvement.

19 juillet – Les tirs de roquettes ne faiblissent pas

Les incursions terrestres israéliennes en territoire libanais continuent à se développer insensiblement, tout en restant au plus près de la Ligne bleue. Le cabinet de sécurité israélien autorise la poursuite de l'opération au Liban « sans limite dans le temps », tandis que le général Udi Adam déclare : « Il n'y a rien qui peut être résolu par les militaires seuls. Il faut une solution politique. » Belle clairvoyance du chef du Commandement nord. Le Hezbollah réplique qu'il peut tirer sur Israël « pendant des mois ». Nous dénombrons 350 tirs de roquette en direction du sud. Leur rythme se maintient malgré les bombardements israéliens. 23 tonnes de bombes et missiles sont ainsi larguées sur le repaire du Parti de Dieu dans la banlieue sud de Beyrouth, sans autre résultat que des destructions d'immeubles sans doute déjà évacués. Au Liban-sud, beaucoup de positions copieusement bombardées par Tsahal sont à nouveau utilisées quelques heures plus tard. Depuis le retrait israélien du Liban en 2000, le Hezbollah a construit de nombreux abris bétonnés et enterrés où il a par la suite stocké des roquettes. La plupart du temps à l'insu de la FINUL, alors que les autorités libanaises ne peuvent pas ne pas savoir. La Force

1. United nations force in Cyprus (Force des Nations unies à Chypre).

de l'ONU agit selon le mandat qui lui a été donné par la résolution 425 et ses règles d'engagement ne lui permettent d'utiliser ses armes que pour la défense de ses personnels et de ses installations. Aussi, en temps normal, lorsqu'une de mes patrouilles se retrouve bloquée sur son itinéraire par des hommes du Hezbollah, l'usage de la force armée pour passer et poursuivre sa mission lui est interdit, sauf cas de légitime défense. Si les miliciens persistent dans leur refus, engager un dialogue avec eux lui est tout autant impossible car la milice est considérée par les Nations unies comme une organisation armée illégale. Traiter avec elle serait la reconnaître. Alors que la patrouille reste sur place, il me revient de saisir les autorités gouvernementales libanaises pour qu'elles interviennent auprès du Parti de Dieu. Ce principe est systématiquement respecté mais la patrouille n'est en aucun cas annulée, elle doit aller à son terme, quel que soit le délai. Sous peine d'un rapport à New York qui alors pointerait du doigt le Liban comme étant le mauvais élève. Généralement l'incident est résolu en l'espace de quelques heures, mais il est arrivé que cela nécessite plus que la journée. Le temps que le Hezbollah puisse dissimuler ses activités aux yeux des Bérets bleus.

L'impartialité est un des grands principes d'action d'une force de maintien de la paix de l'ONU, et de son respect résulte en partie la crédibilité de la Force. Bien sûr, nous connaissons de nombreuses positions hezbollah de notre zone d'opérations. New York était tenu informé du développement de ces implantations mais sans toutefois apporter trop de précisions. En effet, l'édifice du quartier général onusien porte bien son surnom de « maison de verre ». Tout y est par principe transparent, il n'y a rien à cacher aux États membres, mais cela a aussi des inconvénients. Par exemple, la représentation israélienne auprès des Nations unies peut avoir facilement connaissance des comptes-rendus en provenance de Naqoura. Si des positions hezbollah y sont mentionnées, elle peut ensuite transmettre ces renseignements à Tel-Aviv qui alors sera en mesure de saisir toute occasion pour les détruire. Notre impartialité s'en trouverait ainsi remise en cause. Et il pourrait même y avoir pour conséquence morts d'homme. D'où nos précautions quant aux informations transmises. Mais, tout comme nous restions discrets sur nos connaissances précises concernant le Hezbollah, nous adoptions la même attitude en direction de nos partenaires libanais pour ce qui intéressait le dispositif et les activités de l'armée israélienne. Faire passer ce qui peut contribuer à la mise en œuvre du mandat, sans que cela toutefois puisse constituer un grave danger pour l'une des parties en cause. Tel est le but.

En maintes occasions de telles précautions s'avèrent justifiées, malgré la qualité des communications protégées qui nous relient à New York. Nous savons que nous sommes très écoutés et en avons souvent la preuve. Ainsi, tous les six mois, lorsque notre mandat touche à sa fin, le Secrétaire général doit en demander le renouvellement au Conseil de sécurité. Pour appuyer sa requête il présente aux États membres un bilan des activités de la Force. Ce compte-rendu est finalisé à partir d'un projet que je propose, puis qui est repris par le DOMP. Comme par hasard, mais régulièrement, chaque fois que ce rapport, qui est pourtant crypté, est adressé au Quartier général, je reçois dans les jours qui suivent une lettre de l'Armée israélienne me faisant des suggestions pour la rédaction du document, avec l'espoir que je le modifierai en conséquence. Bien sûr, aucune allusion n'est faite au projet que j'ai envoyé. Officiellement, Tsahal sait que je suis en train de préparer mon compte-rendu périodique et se propose de m'aider en faisant ressortir quelques points particuliers qui lui tiennent à cœur, présentés selon sa version !

Les Israéliens s'intéressent de plus en plus à la partie centrale de la zone d'opérations, c'est-à-dire Bint Jubayl. Cette petite ville est réputée pour être un des foyers hezbollah les plus importants de la région, avec Qana, de triste mémoire. Entre cette agglomération et la Ligne bleue quatre observateurs occupent une base de patrouille de l'ONUST, baptisée PB Ras, du nom du village de Marun ar Ras qu'elle borde au sud. Les tirs israéliens redoublent de violence, en appui du démarrage d'une action terrestre menée par l'unité des forces spéciales Maglan et des chars du 82e Bataillon. C'est une des premières fois où nous assistons à des échanges de tirs directs entre Tsahal et le Hezbollah. Même des hélicoptères d'attaque sont engagés. Pris de panique, chassés par les destructions, une quarantaine de villageois se présentent à PB Ras pour y chercher refuge et, devant une telle situation, les occupants de la base ne peuvent refuser. Tous, y compris les observateurs, s'entassent dans le blockhaus bétonné situé juste en-dessous du poste, dans un espace très exigu où les réserves en eau et vivres ne sont prévues que pour les quatre permanents. Dans l'après-midi, plusieurs obus d'artillerie tombent à proximité et, surtout, trois tirs de canon de char dévastent la majeure partie des infrastructures du poste lui-même et font voler en éclats son réservoir d'eau. Ce n'est pas un accident. Si la précision d'un tir d'artillerie n'est jamais garantie à cent pour cent et que quelques coups, dits anormaux, peuvent tomber relativement loin de la cible, ça ne peut pas être le cas d'un tir de canon de char. Cette arme-là s'utilise presque comme un fusil, puisqu'il faut vraiment pointer le réticule d'une lunette sur l'objectif pour l'atteindre. Ces trois obus de 120 mm tirés par des chars Merkava sont donc le résultat d'un choix délibéré. Encore une fois, il s'agit d'un message destiné à nous dissuader d'accueillir des civils dans nos enceintes, et *a fortiori* dans nos abris. Au bout de trois jours, à la faveur d'une accalmie, nos hôtes pourront quitter ces lieux devenus quasiment invivables. À partir de ce moment-là PB Ras ne connaîtra pas de nouveaux harcèlements. Mais peut-être est-ce aussi parce qu'il n'y avait plus grand-chose à détruire en surface.

Des tirs similaires, qui exigent une visée soignée, se renouvelleront les jours suivants. En particulier sur les réservoirs d'eau des postes, qui ne sont ni protégés ni dissimulés. Au contraire, ils sont nettement visibles car disposés en hauteur afin de faciliter l'alimentation par gravité du réseau local. Très rares sont les positions qui disposent de leur propre source d'eau où s'approvisionner directement. Citernes détruites et ravitaillement difficile : les Israéliens espèrent ainsi obliger mes hommes à évacuer. Nous sommes à la période la plus chaude de l'année et les Soldats de la paix passent de nombreuses heures enfermés sous le béton, bien sûr sans climatisation. Mais ils tiendront, même si, au Bataillon indien en particulier, tous passeront la dernière semaine du conflit avec un seul litre d'eau par homme et par jour. Un record, en cette saison. À la fin des hostilités, il ne restera plus, dans plusieurs des postes, que de quoi tenir un à deux jours. Pourquoi ne pas avoir cherché à protéger ces réserves indispensables pour pouvoir vivre et durer ? Toujours parce que la FINUL est depuis ses débuts une force de maintien de la paix qui agit sous ce Chapitre 6 de la Charte des Nations unies qui requiert la collaboration pleine et entière des parties intéressées. Elles s'engagent à mettre volontairement en œuvre les termes de la résolution et même à assurer notre protection, contrairement à une résolution placée sous Chapitre 7 et dont l'exécution est alors imposée aux protagonistes par la communauté internationale. Nos activités se font donc au vu et au su de tous car toutes dispositions particulières que nous prendrions pourraient être comprises comme autant de mesures de défiance vis-à-vis de nos partenaires libanais et israéliens. Et il faudrait alors se justifier. Je dois au contraire jouer en permanence la confiance. Envisager que la situation pourrait empirer n'est pas « politiquement correct ». Est-ce de l'angélisme, une confiance exagérée, ou bien la recherche d'une attitude obligeant chacun à respecter ses engagements ? Surement un peu des trois. Il n'empêche que la protection des hommes reste le souci majeur, d'où l'existence de blockhaus dans chaque position.

Rien n'a changé, depuis la création de la Force, en 1978. Les Israéliens, qui nous observent au jour le jour depuis vingt-huit ans, en sont bien conscients. Ils chercheront à tirer profit de toutes nos faiblesses pour nous faire plier. Et ils ne manqueront pas d'imagination dans les jours à venir.

20 juillet – Évacuation vers Chypre

La Division logistique du Quartier général des Nations unies a pu trouver un navire qui accepte de prendre en charge les ressortissants étrangers à Tyr pour les amener à Larnaca. Ce port chypriote retourne ainsi aux heures de la guerre civile libanaise (1975-1990) quand il fut, durant des années, le premier point de chute des familles fuyant les combats. New York a dû négocier avec les Israéliens le calendrier de l'opération d'évacuation. En effet, Tel-Aviv ayant établi un blocus maritime et aérien très strict, le Pays du Cèdre se trouve totalement isolé. Aucun navire ne peut rejoindre un port libanais sans le feu vert des Israéliens qui ont défini une zone large de plusieurs milles où toute présence de navire est interdite, sous peine d'interception, voire de destruction. Quand un bâtiment est autorisé à y évoluer, c'est sous le contrôle direct de la marine israélienne, uniquement de jour, et durant un créneau horaire rigoureux. Avec une heure d'entrée dans la zone et un point bien précis où se présenter, pour ensuite naviguer dans un corridor dont il ne peut s'écarter et qui l'amène jusqu'à son port de destination. Une fois ses activités terminées, il doit repartir selon les mêmes exigences et rejoindre, avant une heure limite toujours diurne, un point de sortie de la zone de blocus. Il entre alors dans les eaux libres.

Les horaires et les routes imposés laissent peu de temps à consacrer aux opérations d'embarquement que je fais préparer dès la veille. Aucune accalmie n'est garantie par les parties, et il vaut mieux envisager le pire. Le Rest House de Tyr est le point de ralliement d'où nous allons acheminer avec nos véhicules blindés, groupe après groupe, les candidats au départ. Contrôlé par l'Armée libanaise, l'itinéraire entre le complexe hôtelier et le port traverse la vieille ville et doit rester disponible tout le temps de l'évacuation. Pour éviter les embouteillages, aucune voiture civile n'est autorisée à rejoindre directement les quais, trop exigus pour permettre un stationnement en nombre. Elles resteront parquées au Rest House.

Notre bateau, le *Serenade*, se présente devant Tyr en début de matinée. À son bord un détachement composé de nos camarades de l'UNFICYP qui a pour mission de faciliter l'accueil des personnes ainsi que leur débarquement à Chypre. Ce bâtiment, un petit transport de passagers, arrive dans un port qu'il ne connaît pas et où, bien sûr, il n'est plus question de trouver de pilote pour guider son accostage. De plus, les tirs se poursuivent dans la région. Prudemment, le capitaine décide de rester en dehors du bassin et d'utiliser ses canots de sauvetage pour le transbordement des passagers. Il met rapidement à l'eau les deux seules embarcations de grande capacité dont il dispose. Les rotations commencent aussitôt. Après vérification de leur identité au Rest House, les groupes de ressortissants étrangers, dont l'effectif correspond à celui que peuvent accueillir les deux canots, sont acheminés vers le port où ils sont embarqués aussi vite que possible. Nous veillons à les exposer le moins possible car les risques persistent. Des tirs de roquettes partent, tout proches et, bien évidemment, entraînent des ripostes. Ce moment de l'embarquement est une libération, tant pour les Bérets bleus que pour les bénéficiaires de ce voyage vers des cieux plus cléments. Ces derniers viennent de passer une semaine éprouvante, terrés en famille dans les caves de leurs immeubles ou hébergés au Rest House, économisant vivres et eau, avec les angoissantes incertitudes d'un départ longtemps hypothétique. Heureusement, la plupart étaient équipés d'un moyen radio pour se maintenir en contact avec nous. Le détachement de la FINUL qui, dès le début, les assiste sur place, a maintes fois prouvé qu'il sait faire face aux urgences. Mais de tels moments de tension sont lourds à supporter et parfois les nerfs de nos protégés craquent à l'approche de la délivrance. Néanmoins tous ceux d'entre nous qui sont là, quelle que soit la fonction ou la nationalité, savent faire preuve de la plus grande humanité. Nos soldats deviennent des hommes attentionnés et prévenants. Ils aident les mères en partance, cajolent ou portent les enfants. Et tout ceci en affichant le plus grand calme alors qu'ils restent sur place et ne savent pas ce que demain leur réserve. Le mécanisme des rotations fonctionne au mieux, régulièrement et sans heurt, jusqu'à ce qu'un des deux canots tombe irrémédiablement en panne. Pas moyen de le remplacer par quelque embarcation amarrée dans le port. La tension monte, le rythme d'embarquement baisse de manière très sensible. Les personnes en attente s'inquiètent, certaines perdent espoir, tandis que sous leurs yeux des colonnes de fumée s'élèvent de Hosh, ancien lieu de résidence pour beaucoup, et qu'ils ont quitté depuis peu. Tsahal y poursuit ses pilonnages.

Finalement nous réussissons à embarquer tout le monde avant la tombée de la nuit. Le capitaine, qui devenait très impatient, est à demi-rassuré et espère atteindre le point de sortie imposé par Israël avant l'heure fatidique. Il a 950 personnes à son bord, soulagées de quitter cette zone de turbulence mais aussi anxieuses pour les époux restés sur place et pour les biens qu'elles ont dû abandonner. La diversité des passagers fait de ce bateau une véritable arche de Noé : beaucoup de Libanais à la double nationalité européenne, africaine, américaine ou canadienne ; et puis les vrais étrangers, résidents de longue date au Liban-sud ou en séjour professionnel de quelques mois à quelques années ; des Français, qui n'ont pu rejoindre Beyrouth, et ont été accueillis et pris en charge par un compatriote au béret bleu en guise d'agent consulaire ; quelques Britanniques, un peu étonnés de notre anglais onusien, parfois bien éloigné de la langue de Shakespeare ; de nombreux ressortissants des pays méditerranéens du sud de l'Europe ; et bien sûr les familles et des employés de l'ONU, du reste peu nombreux.

Ils sont partis. Nous restons avec les réalités du terrain et Nasrallah qui déclare ne pas avoir l'intention de libérer sans condition ses deux prisonniers israéliens. Lorsque j'apprends enfin que tout le monde est arrivé à bon port, le lendemain, je suis soulagé et heureux. Mission réussie, au moins pour cette opération d'évacuation. Mais elle n'est finalement qu'un épisode qui finit bien alors que tant reste à faire.

Quelques temps plus tard, parmi des messages divers, je recevrai sur mon ordinateur un courriel particulièrement touchant. Il est signé d'une Américaine. Elle se trouvait seule, avec ses trois jeunes enfants, à Tyr lorsque la guerre a éclaté. Inquiète, ne sachant trop quoi faire, n'ayant pas de véhicule, elle avait demandé de l'aide à son consulat à Beyrouth qui lui avait répondu que c'était à elle de se débrouiller pour rejoindre l'ambassade par ses propres moyens. Se trouvant dans l'impossibilité de le faire elle vint alors se mettre sous notre protection. Nous pûmes les faire embarquer tous les quatre et ils rejoignirent les États-Unis sains et saufs. Une fois arrivée, cette femme m'écrivait pour nous remercier, décrivait sa traversée, soulignait la gentillesse de gens de l'UNFICYP, donnait des nouvelles de ses enfants. Avec beaucoup de naturel elle nous traitait un peu comme sa famille. Et elle terminait par cette confidence émouvante : elle me disait que si la nationalité onusienne existait, elle la prendrait volontiers à la place de sa nationalité américaine. Belle marque d'estime que je m'empressais de diffuser à tous comme un cadeau mérité. Dans une telle tourmente, il est parfois des mots qui donnent plus d'énergie et de ressources qu'il n'y parait. Thanks a lot !

21 juillet – Après les haut-parleurs, les tracts

Les mouvements de civils vers le nord se poursuivent. Nombreux sont ceux qui cherchent à franchir le Litani dans l'espoir de se mettre en lieu sûr. Espoir qui se confirme bien hypothétique car le Liban-sud n'est pas le seul à faire les frais de l'affrontement. À Beyrouth par exemple, même des casernes de l'Armée libanaise ont été sérieusement touchées alors que les militaires font tout pour bien faire comprendre qu'ils ne sont pas aux côtés du Hezbollah. Tsahal ne décourage pas cet exode, bien au contraire. Plusieurs localités proches de la Ligne bleue reçoivent des tracts lancés par des avions à l'étoile de David. Ils demandent aux habitants de quitter la région et de passer au-delà du Litani, sous peine de subir les dommages des opérations en cours. Les Israéliens vont là plus loin que leurs exhortations précédentes où ils se contentaient de demander aux seuls habitants de la future ZSS de vider les lieux. Mais tout ce qui contribue à réduire la population à l'intérieur et aux abords de leur futur glacis est bon pour eux. Afin de ne pas décourager ceux qui veulent partir, ils les laissent relativement libres de leurs mouvements sur les routes encore utilisables. Ils me demandent même de définir et de proposer des axes principaux d'évacuation afin d'accélérer le processus. Par contre ils sont intransigeants en ce qui concerne tout déplacement de véhicules vers le sud. Ils ont fait savoir que ces derniers sont pour eux autant d'objectifs car systématiquement soupçonnés de pouvoir ravitailler le Hezbollah.

De petites unités israéliennes commencent à opérer de manière quasi permanente en territoire libanais. Pour tenter de progresser vers le nord dans la zone-tampon à établir, et aussi pour soutenir les éléments du génie qui détruisent les ouvrages hezbollah abandonnés. Certaines utilisent des chiens, autant pour flairer des pièges que des présences humaines. Deux axes d'effort se dessinent. L'un à l'ouest, passant par Marwahin pour vraisemblablement obliquer ensuite vers le nord-ouest et Al Bayyadah, afin d'isoler la région de Naqoura. L'autre, plus à l'est, à partir de PB Ras pour tenter d'investir et contrôler Bint Jubayl. Les parachutistes du 101ᵉ Bataillon et l'unité des forces spéciales Egoz y rejoignent l'unité Maglan. Le tiers est de la Ligne bleue, entre le point de trijonction[1] et le mont Hermon, est comparativement très calme. À cette étape du conflit le général Gantz, maintenant chef d'état-major de l'Armée de terre, estime que « l'opération est complexe, difficile mais motivante ».

Sur l'axe ouest, le poste 1-21, proche de Marwahin, est touché par un projectile tiré depuis la position israélienne W 411, celle qui a reçu les premiers projectiles hezbollah du conflit. Peut-être pris de quelques remords Tsahal publie aussitôt un communiqué de presse dans lequel il précise qu'une roquette hezbollah a touché la position de l'ONU. Après examen de notre part, il s'avère qu'il s'agit d'un obus d'artillerie de 155 mm, genre de munition que le Hezbollah ne détient pas. Il est bien évident que ma protestation officielle qui s'ensuivra ne changera rien, et d'autres incidents de ce type auront lieu. Mais tout est bon à Tsahal pour servir sa cause, y compris les faux communiqués. Celui-là, au moins, aura fait long feu.

Le Hezbollah, de son côté, refuse le plan de l'ONU qui propose un arrêt immédiat des hostilités et la libération des deux otages. Et c'est toujours la population locale qui continue à être la grande victime des actions des uns et des autres : 71 civils sont tués à Tyr pour la seule journée. Le ministère de l'Intérieur en est bien conscient et nous demande

1. Point de convergence des lignes de démarcation entre le Liban, Israël et la Syrie.

de faciliter l'évacuation des villages de Yarin, Ummat Tut, Zalloutieh et Al Bustan.

Voici maintenant dix jours que le conflit a commencé et la FINUL n'a reçu aucun ravitaillement de l'extérieur. Nous vivons sur nos quinze jours d'autonomie initiale, maintenant entamés aux deux tiers. Il faut envisager sérieusement de devoir aller au-delà des délais planifiés avant de pouvoir être réapprovisionnés. Bien sûr, dès le début nous avons nettement réduit nos consommations en tout genre, nourriture, eau ou carburant. Mais il nous faut faire mieux et surtout préparer l'avenir. Mon officier chargé de la logistique se révèle d'une nature plutôt insouciante et vit avec l'espoir que les choses finiront bien par s'arranger. Sa confiance en l'avenir ne saurait me suffire et j'exige désormais d'avoir quotidiennement un point de situation logistique précis, non seulement global mais au poste près, et une estimation du nombre de jours durant lesquels nous pouvons encore tenir.

Les déplacements sont de plus en plus compliqués et toutes les positions ne peuvent pas être ravitaillées avec la même facilité. Pour certaines, plus isolées que d'autres, Naqoura et son Bataillon logistique polonais (POLLOG) semblent alors bien lointains. Tsahal est de plus en plus réticent à nous accorder des fenêtres de mouvement et je finis par m'en passer. Mais parfois, à son grand mécontentement, nous interférons avec certaines de ses actions. Il nous le fait alors parfois savoir en termes… explosifs. Si la nourriture est un problème relativement moins alarmant, car chaque poste à souvent un stock de rations supérieur au nombre requis, c'est n'est pas le cas pour l'eau et le carburant. Les quantités sont comptées alors que les ravitaillements se font normalement par camion-citerne. Les Israéliens ont déjà détruit de nombreux réservoirs d'eau des postes et il ne reste souvent que les stocks d'eau en bouteille, qui diminuent vite en cette saison d'été. Jusqu'à présent les soutes à carburant ont été épargnées mais tous les postes assurent leur propre énergie avec leurs groupes électrogènes qui fonctionnent en permanence, ne serait-ce que pour alimenter les stations radio. Nous réduisons les consommations au maximum. Plus question de climatisation, dont les blockhaus sont d'ailleurs dépourvus, et les emprises ne sont plus éclairées la nuit. Le Drapeau bleu n'est alors plus visible, mais vu l'importance qu'y attachent les parties, ce n'est peut-être pas plus mal.

Je sais que la France a envoyé au large de Beyrouth le transport de chalands de débarquement (TCD) « Siroco » pour évacuer ses ressortissants. Peut-être pourra-t-il nous aider à nous réapprovisionner. Il ne faut plus compter sur les installations portuaires de Tyr mais Naqoura possède un petit port de pêcheurs qui peut accueillir les embarcations que le Sirocco a dans son radier. Je téléphone directement à l'État-major des armées, à Paris, pour m'assurer officieusement de la faisabilité de ce genre d'opération. À ma grande joie la réponse est affirmative et je m'empresse de proposer cette solution au Quartier général de l'ONU. Il ne lui reste plus qu'à traduire mes besoins en demande officielle adressée au gouvernement français. Puis, tout ira très vite. Déjà, dans la nuit du 22 au 23 juillet, un soldat français est évacué de Naqoura pour être opéré en urgence d'une hernie. Un hélicoptère, tous feux éteints, s'approche de notre camp par la mer, volant au raz des flots. En provenance du Siroco, il vient se poser sur la plate-forme d'ITALAIR, charge le patient moteurs tournant, puis repart de même rallier le bâtiment. Tout ceci, avec un espace aérien au-dessus de la côte où les tirs continuent. Très tôt, le lendemain matin j'apprends que le soldat a été opéré et va bien. Bénéficier d'un bateau, même éloigné, qui peut nous apporter son soutien dans des délais très courts a quelque chose de réconfortant. D'autant que nous ressentons de plus en plus notre isolement. Mais, pour nous, les sirènes de l'évacuation n'ont pas encore commencé à chanter.

22 juillet – Le Liban sud continue à se vider

Sur leurs deux axes principaux de pénétration, les Israéliens cherchent maintenant à rester de manière permanente au nord de la Ligne bleu. À l'ouest, le 299e Bataillon a atteint Marwahin et, à l'est, la 35e Brigade parachutiste tient Marun ar Ras qui a coûté une vingtaine de morts au Hezbollah. De jour, tout en cherchant à progresser, ils continuent à utiliser des moyens du génie, explosifs et bulldozers, pour détruire les positions du Hezbollah qu'ils ont investies et dépassées. Tandis que de nuit, ils allègent leur dispositif au maximum pour ne pas être victimes de retours offensifs des miliciens. Ils connaissent mal le terrain et veulent réduire les risques. Le jour suivant, dès l'aube, des moyens supplémentaires rejoignent ceux qui sont en première ligne pour tenter de repartir vers l'avant.

De son côté, le Hezbollah accroît de jour en jour ses actions de harcèlement. Tandis que, la nuit, il revient sur des positions qu'il a dû abandonner auparavant et d'où il parvient même à reprendre ses tirs de roquettes. De quoi entamer le moral de leur adversaire. Ce dernier commence également à enflammer d'autres secteurs de la Ligne bleue. C'est le cas de la région de Khiam, immédiatement au nord de Metulla, et qui ouvre la route en direction de Marjayoun, deuxième ville de la zone d'opérations après Tyr. La base des observateurs de l'ONUST subit neuf « firing close » dans la journée, tous suivis d'une protestation inutile de ma part auprès de Tsahal. Ces tirs, à l'évidence, préparent une nouvelle pénétration israélienne dans cette région. Déjà plusieurs postes de la FINUL se trouvent maintenant isolés en zone contrôlée en permanence par Israël, ce qui génère un nouveau casse-tête pour assurer leur ravitaillement.

Le Secrétaire général tente, mais en vain, de négocier un cessez-le-feu de quarante-huit heures pour pouvoir faire évacuer ceux qui le souhaitent de la zone des affrontements. Les autorités libanaises, quant à elles, restent toujours très partagées sur l'attitude à adopter vis-à-vis des velléités de départ des habitants du Liban-sud. Fouad Siniora maintient sa position : il n'est pas question de faciliter les opérations israéliennes en autorisant les départs. Mais la situation devient intenable dans beaucoup de localités et il doit consentir à l'évacuation des plus vulnérables : les blessés, les malades et les personnes âgées. Il me demande de prendre en compte la mission. Sous la pression des événements, le ministre de l'Intérieur va plus loin et me demande d'évacuer les volontaires des localités de At Tiri, Mays al Jabal, Hula, Yarun, Tibnin et Shaqra. Plusieurs milliers de personnes qui d'ailleurs, pour beaucoup, habitent hors de la future ZSS définie par Israël. Ils sont encouragés dans leurs intentions par des largages de tracts israéliens, comme à Tibnin arrosé de petits billets particulièrement provocateurs et insultants pour Hassan Nasrallah. Durant cette journée nous aidons plus de 600 véhicules civils à tenter de se frayer un chemin vers le nord. Mais tout le monde n'est pas motorisé ou ne peut bénéficier de l'aide d'un voisin compatissant. Certains sont obligés de rester sur place et c'est ainsi que 69 personnes viennent chercher refuge dans la position ghanéenne 8-18, proche de Khirbat Silim. Coïncidence, c'est cette section qui avait eu à résoudre ce genre d'incident durant l'exercice « Dare not », joué juste avant le début des hostilités. À situation différente, réaction différente : les solliciteurs seront ravitaillés et nous essaierons de les abriter. Cette nouvelle initiative humanitaire est bien sur immédiatement signalée aux Israéliens. Nos hôtes rejoindront finalement leurs maisons dans la journée du lendemain. À Naqoura aussi, des villageois préfèrent rester chez eux plutôt que d'abandonner leurs biens. Une liaison que nous arrivons à effectuer sur Tyr nous permet de leur rapporter de la farine et d'améliorer ainsi un ordinaire de plus en plus difficile à assurer.

Non contents d'avoir à gérer les civils, il va falloir nous occuper également des militaires libanais. En effet, le ministre de l'Intérieur nous demande aussi d'escorter les 150 personnels de la JSF qui veulent se replier de Bint Jubayl sur Tibnin. Les Israéliens sont à Marun ar Ras et il est évident que leur prochain objectif est le lieu d'implantation de ce détachement libanais. Les autorités libanaises entendent se démarquer le plus possible des activités du Parti de Dieu, entretenir l'impression que ce conflit leur est imposé et qu'elles ne souhaitent pas qu'il se poursuive. Mais elles ne veulent pas pour autant désavouer le Hezbollah. Position difficile à tenir et raison pour laquelle elles préfèrent rechercher une caution onusienne pour déplacer des véhicules militaires et des hommes en arme. Les forces armées libanaises ont déjà subi des pertes et des destructions causées sciemment par les Israéliens et elles veulent éviter que cela ne se renouvelle. Elles cherchent donc à afficher passivité et absence de collusion manifeste. Cette attitude n'empêchera pas, plus tard, l'hypothèse suivante de circuler : si le Hezbollah a réussi à atteindre en mer avec un missile un bâtiment de guerre israélien, c'est peut-être grâce à la collaboration des radars côtiers de la Marine libanaise. Après une préparation des plus laborieuses et maintes tergiversations, militaires libanais et FSI, escortés par la FINUL, finiront par rejoindre leur nouveau lieu de stationnement. Provisoire, puisqu'ils en repartiront quelques jours plus tard pour poursuivre leur migration vers le nord.

23 juillet – L'évacuation de PB Ras

Si les Israéliens ne progressent que très lentement, ils maintiennent néanmoins leur pression sur l'ensemble de la Ligne bleue. L'effort porte essentiellement au centre. Dans Marun ar Ras, où nous observons dix chars Merkava et une vingtaine de transports de troupe. Ils cherchent à poursuivre en direction de Bint Jubayl en faisant appel maintenant au 51ᵉ Bataillon de la fameuse Brigade Golani ou 1ʳᵉ Brigade d'infanterie, celle des Druzes. Cette opération, baptisée « Toile d'acier 1 », se heurte à une forte opposition des miliciens du Hezbollah qui ont constitué des nids de résistance en s'installant dans des maisons abandonnées. Les assaillants continuent aussi leurs actions dans la profondeur et leurs avions s'en prennent aujourd'hui à Tibnin, neuf kilomètres au nord de Bint Jubayl, sur l'unique axe sud-nord de la moitié ouest de notre zone d'opérations. Les avions effectuent des tirs ciblés sur des habitations très certainement repérées depuis longtemps. La villa du maire de la ville, M. Fawaz, est totalement dévastée, tandis que deux roquettes tombent à l'intérieur du poste ghanéen 6-43. Plusieurs préfabriqués y sont détruits, heureusement sans faire de victimes. La même mésaventure arrive au poste indien 9-63, proche d'Addaisseh, qui reçoit de plein fouet trois obus de 155 mm israéliens. Les installations-vie sont très sérieusement sinistrées. Là aussi, pas de victime malgré une sentinelle qui a vécu l'arrivée de ces projectiles du haut de son mirador. Les parois en sont criblées d'éclats alors qu'elle en redescend indemne mais légèrement étourdie.

La base de patrouille ONUST de Marun ar Ras se trouve en pleine tourmente. Heureusement, les civils qui s'y étaient réfugiés cinq jours auparavant en sont repartis pour des lieux plus sûrs. Il n'y reste donc que les quatre observateurs qui n'ont plus que leur blockhaus, les chars israéliens ayant détruit la plupart des infrastructures extérieures. Ils peuvent néanmoins y vivre tant bien que mal et restent en liaison avec le quartier général à Naqoura. Durant les accalmies, ils poursuivent l'observation pour nous tenir informés. Leur groupe électrogène fonctionne mais nécessite bien sûr d'être régulièrement approvisionné en carburant. C'est à l'occasion d'un de ces recomplètements que le capitaine Roberto Punzo (Italie) est très sérieusement touché. Obligé de sortir, puisque fioul et groupe se trouvent à l'extérieur, il reçoit une balle non identifiée en pleine poitrine. Le compte-rendu est immédiat, malgré les Israéliens qui brouillent fréquemment nos fréquences. Une ambulance blindée de la FINUL et une équipe de la Croix-Rouge libanaise se dirigent aussitôt vers la base. Mais l'état des itinéraires ne permet pas de préjuger des délais nécessaires aux deux groupes de sauveteurs pour rejoindre le lieu du drame. PB Ras rend compte que l'état du blessé se dégrade très rapidement et force nous est d'envisager le pire. La base est tout juste à un kilomètre au nord de la clôture qui sépare le Liban d'Israël et peut-être que les Israéliens ont les moyens d'intervenir plus vite, malgré l'opération en cours. Je fais immédiatement prendre contact avec le Commandement nord, lui explique la situation et demande à ce que notre blessé puisse être rapidement évacué de son côté et soigné en Israël. Par chance la liaison a été établie d'emblée et le général Udi Adam donne son feu vert. Je double alors cet agrément en appelant le chef d'état-major de l'ONUST à Jérusalem, le général Clive Lilley (Nouvelle-Zélande). Il fera de son côté le nécessaire pour que son officier soit correctement pris en compte une fois passé en Israël. Nouveau contact avec PB Ras où j'ordonne aux observateurs de transporter leur blessé aussi vite que possible de l'autre côté de la clôture israélienne, où ils sont attendus. Normalement l'ouvrage est continu, sans ouverture, mais nous pouvons maintenant profiter de celles qui ont été pratiquées par les unités israéliennes pour entrer au Liban. Les quatre observateurs, non armés, ont un seul véhicule et je leur demande de rejoindre tous ensemble Israël. En effet, il y a le blessé, un conducteur, une troisième personne pour servir de chef de bord, et il n'est pas question de laisser le quatrième élément de l'équipe seul à la base de patrouille. Rapidement, l'observateur touché est embarqué dans le pick-up qui dévale sans délai la pente caillouteuse qui mène vers Israël. Ils sont accueillis à hauteur de la clôture où le blessé est immédiatement pris en charge par les soldats israéliens. Malgré les tirs un hélicoptère attend déjà, à quelque distance, et l'emmène aussitôt à l'hôpital Ram Bam d'Haïfa où il est opéré dans la foulée. Le lendemain les Israéliens nous feront savoir que l'officier italien est dans un état stationnaire et que le pire semble avoir été évité. Merci pour ce cas, un des rares, où ils ont fait preuve d'humanité. Et je suis certain que le général Udi Adam y est pour beaucoup. Seule ombre au tableau, PB Ras a dû être abandonné et ne pourra pas être réoccupé. Malgré plusieurs tentatives le lendemain, menées par les trois officiers rescapés, la situation ne permettra pas de se réinstaller dans ce qui n'est plus que ruines.

New York a pu suivre ces événements quasiment en direct car la communication est facile et permanente avec le Quartier général. Nous avons des moyens de liaison redondants : radio, claire ou cryptée ; téléphone par satellite ; messagerie. Nous sacrifions même au rite de la vidéoconférence chaque fois que faire se peut. Lorsque les après-midi sont relativement calmes, vers 17 heures, décalage horaire oblige, nous retrouvons sur l'écran nos interlocuteurs qui travaillent à Manhattan et nous pouvons ainsi communiquer bien plus facilement. Et puis, le temps de l'entretien, nous avons l'impression de changer un peu d'environnement. Ce n'est qu'après les « good luck » et « take care » de conclusion que nous retrouvons bien vite la réalité de la mission. Mais nous nous sentons soutenus, aidés. La liaison est quotidienne avec les plus hautes autorités du DOMP. Son chef, bien sûr, M. Jean-Marie Guehenno (France), et aussi son conseiller militaire (MILAD pour « Military advisor »), le général de corps d'armée Randhir Kumar Mehta (Inde). Ce dernier préfère m'appeler à la fin de sa journée de travail new-yorkaise pour être en mesure de m'informer des évolutions et tendances d'où peuvent découler de nouvelles orientations et recommandations pour la FINUL. Malheureusement sept heures de décalage font correspondre « sa » fin d'après-midi à New York avec le milieu de « ma » nuit à Naqoura. Je suis donc régulièrement sorti de mon premier sommeil pour répondre à mon interlocuteur. Les nuits étant déjà courtes, et parfois agitées, j'avoue que je ne suis pas toujours des plus réceptifs ni de la meilleure humeur possible ! Un matin, je décide donc de l'appeler dès le début de notre journée pour lui rendre compte des événements de la nuit. Il est alors vraiment très tôt à New York ! Le clin d'œil fonctionne : nous finirons par trouver des plages horaires convenant à l'un et à l'autre.

L'exode libanais vers le nord se poursuit et les villageois de la partie est de notre zone d'opérations semblent anticiper les prochaines actions israéliennes. Nous observons plus de trois cents véhicules qui quittent les localités de Khiam et Marjayoun pour tenter de franchir le Litani. Certains, malgré le danger, ou parce qu'ils n'ont pas trouvé de moyen de locomotion, restent sur place. Lorsque nous le pouvons nous leur fournissons de l'eau, ou même du pain comme à Al Jibbayn. Entre les convois de réfugiés, les routes coupées et les tirs, tout déplacement devient problématique. Et le Hezbollah en rajoute. Par l'intermédiaire du « mokhtar », le maire, de Burj Qallawiyah, Hussein Rimeti, la « Résistance » nous demande de coordonner avec elle l'ensemble de nos mouvements, sous peine d'être soumis à des tirs. Le Parti de Dieu se heurte bien entendu à une fin de non-recevoir et je demande au messager de confirmer au solliciteur que nous ne traitons qu'avec les autorités libanaises officielles. Je lui rappelle aussi, ne serait-ce que pour la forme, que nous sommes sous la protection du Liban. La réponse ne tardera pas. Dès le lendemain, entre Kunin et Bint Jubayl un de nos transports de troupes Sisu est pris sous le feu d'armes individuelles hezbollahs, ses pneus crevés. Un autre est bloqué par des miliciens à Hula alors qu'il évacue des ressortissants étrangers. Mais il parvient à forcer le passage.

Les organisations humanitaires internationales commencent sérieusement à s'émouvoir de la dégradation de la situation des populations dans notre zone. Le Secrétaire général adjoint de l'ONU aux affaires humanitaires, M. John Egeland, accuse même Israël de « violer le droit humanitaire ». Sous la pression, le Commandement nord m'informe que Tel-Aviv a reçu de nombreuses demandes émanant de la Croix-Rouge internationale et d'ONG qui veulent pouvoir bénéficier de corridors par lesquels elles pourraient acheminer de l'aide en sureté. Il se dit prêt à faciliter ces mouvements à condition qu'ils soient coordonnés avec lui, et que nous les escortions. Ça n'exclut aucunement que ce sera aux risques et périls des humanitaires. New York nous donne le feu vert pour tenter de telles opérations et envoie un spécialiste à Beyrouth pour fédérer au mieux les efforts de chacun. Israël fait officiellement preuve de compassion et de bonnes intentions, de notre côté nous réagissons positivement. Mais il y a encore loin de la coupe aux lèvres.

24 juillet – Journée ordinaire

Nous apportons tout le soutien humanitaire possible à la population, appelons sans cesse à la retenue, tenons les instances internationales constamment informées de l'évolution de la situation. Mais il est clair que nous ne pouvons guère influer sur le cours des événements tant la dureté de l'affrontement nous dépasse. Et puis, bien sûr, il faut durer le plus longtemps possible, tant que New York ne m'ordonne pas de partir. Le Secrétaire d'État américain, Mme Condoleeza Rice, est en visite à Beyrouth où elle exprime sa « profonde préoccupation ». Doux euphémisme qui ne l'empêche pas d'espérer que se dessine très vite un succès militaire israélien. Son pays annonce dans le même temps une aide humanitaire de 30 millions de dollars pour le Liban.

À Marun ar Ras, très certainement les Israéliens ont-ils visité ce qu'il reste de la base de patrouille de l'ONUST, mais ils n'ont pas dû y trouver grand-chose d'intéressant, malgré le départ en hâte de ses occupants la veille. Nous dénombrons sur Bint Jubayl un millier de soldats israéliens. Mais nous avons le sentiment que leur progression est lente et qu'ils se heurtent à une opposition très vive du Hezbollah. L'activité incessante des hélicoptères d'attaque, deux chars Merkava touchés, en témoignent. Le reste de la Ligne bleue n'est pas épargné. Nos véhicules de lutte contre l'incendie, servis par les Polonais, éteignent plusieurs feux déclenchés par des bombes incendiaires dans le village de Naqoura. Le poste ghanéen 5-22, au sud de Rmaich, reçoit un tir direct d'un char israélien. Erreur peu plausible ! Quatre Casques bleus sont blessés mais peuvent heureusement être évacués sur notre hôpital, au quartier général de la Force.

Une petite éclaircie, en ce premier jour d'une nouvelle semaine de conflit : New York nous annonce l'arrivée du *Siroco* au large de Naqoura pour le lendemain. Le bâtiment a chargé du ravitaillement à notre intention à Chypre et va tenter de nous le débarquer. Essentiellement du carburant, un besoin prioritaire tant pour nos véhicules que pour les groupes électrogènes des postes.

25 juillet – Le drame de PB Khiam

Cette journée s'annonce pourtant relativement bien puisque dans les premières heures de la matinée nous voyons le *Siroco* se positionner au large de Naqoura. Il reste à distance respectueuse du rivage où les bombardements se poursuivent, et se tient aussi prêt à reprendre rapidement le large en cas d'alerte missile. Son commandant garde à l'esprit ce qui est arrivé à la corvette israélienne *Hanit* le 14 juillet. Depuis, le Hezbollah a tiré plusieurs autres missiles antinavires, mais n'a réussi à couler qu'un petit caboteur totalement étranger à la situation. La vue du bâtiment nous met du baume au cœur, c'est notre premier ravitaillement depuis le 12 juillet. Principalement prévu pour mettre à terre des troupes, le transport de chalands de débarquement français est configuré là en version d'évacuation de ressortissants et a réduit sa batellerie au strict minimum. Ce sont donc deux chalands de transport de matériel (CTM) qui vont faire des navettes entre le bateau-gigogne et le petit port de pêcheurs. La capacité d'emport de ces deux embarcations est réduite et les allers-retours vont durer jusqu'à la tombée de la nuit. Vidé ou pas, le bâtiment sera alors obligé d'appareiller pour quitter à l'heure prescrite la zone d'exclusion imposée par Israël. Sous peine de se heurter à la mauvaise volonté de Tel-Aviv lorsqu'il voudra revenir. Le carburant qui commence à devenir critique est attendu avec impatience. Mais il n'est pas possible d'embarquer de camion-citerne sur les CTM. Nous n'avons plus qu'à nous rabattre sur des fûts de 200 litres pour récupérer le précieux liquide. Tout ce qui est pris nous permettra de durer un peu plus. Le « pacha »[1] du

1. Commandant du bâtiment, en argot de marin.

bâtiment nous propose même de ponctionner ses soutes pour nous approvisionner. Malheureusement le fioul généreusement proposé et celui utilisé par nos groupes électrogènes ne sont pas compatibles. Aléas de la technique ! Nous nous contentons donc du fioul spécifique acheté pour nous à Chypre. Nous recevons aussi quelques vivres, et des colis humanitaires dont nous allons faire profiter les populations locales, toujours autant éprouvées. Nous ne laissons d'ailleurs pas repartir les deux derniers CTM à vide. Nous y faisons embarquer 68 ressortissants étrangers qui seront acheminés vers Chypre.

Nous sommes toujours sans aucune nouvelle de notre couple civil porté disparu à Hosh, mais nous ne l'avons pas oublié. Dans la matinée, un élément du CHINBATT est enfin parvenu à rejoindre la villa supposée s'être effondrée sur notre employé Augustin et son épouse. La route côtière est depuis plusieurs jours totalement inutilisable et il a fallu faire transiter les moyens lourds de génie par Qana. Les sapeurs doivent se frayer un chemin à travers les décombres de plusieurs villages dévastés, villages où la population leur demande une aide qu'ils n'ont pas les moyens de satisfaire. Il en résulte souvent incompréhension et parfois une colère qui ne peut être calmée qu'avec l'aide des éléments de liaison de l'Armée libanaise. Mais ces derniers, bien que toujours dévoués, se font rares. Arrivés sur place, les Chinois se mettent immédiatement au travail, en compagnie de militaires libanais et d'une équipe de la Croix-Rouge. Ils sont également épaulés par des moyens civils. L'espoir, si faible soit-il, s'éteint. Un corps est retrouvé, puis un autre, ainsi que quelques documents, les maigres économies du couple et une boite à bijoux.

Les affrontements entre Tsahal et le Hezbollah se concentrent dans la zone de Maroun ar Ras – Bint Jubayl. Nous y observons au moins deux bataillons d'infanterie de la brigade Golani, un bataillon de chars et des éléments des forces spéciales. Malgré les déclarations victorieuses du commandant de la 91e Division, le général de brigade Hirsh, relayées par la presse israélienne, la réalité est tout autre. Ses soldats piétinent dans ce fief du Parti de Dieu. Ils y rencontrent une résistance farouche. Constitués en petites équipes très mobiles, utilisant cheminements détournés et souterrains, et même l'hôpital civil, contrairement aux conventions internationales, les miliciens harcèlent en permanence leurs adversaires et leur causent des pertes très sensibles. Plus à l'ouest la Ligne bleue est moins agitée. Ce qui n'empêche cependant pas notre position 1-21, encore elle, de recevoir de plein fouet un obus de mortier de 120 mm. certainement hezbollah qui, heureusement, n'explose pas. Tout comme l'obus de 155 mm trouvé quelques jours auparavant reposant mollement sur un lit. Nos Ghanéens sont pour le moins chanceux !

Bien qu'ils soient à la peine sur cette partie de la Ligne bleue, les Israéliens sont en train de préparer plus à l'est une nouvelle incursion en direction de Marjayoun à partir de la région de Metulla. Mais l'accès à cette importante localité du Liban sud passe par une plaine dominée à l'ouest par Bouj al-Malouké et à l'est par Khiam. Ces hauteurs sont tenues par le Hezbollah et Tsahal cherche à l'en déloger par des tirs d'artillerie et des attaques aériennes. Depuis le milieu de la matinée toute la croupe où s'étend Khiam subit un véritable pilonnage. Aux abords sud du village se trouve une position hezbollah, et à 200 mètres au sud-est de celle-ci la base de patrouille de l'ONUST. Totalement peinte en blanc, avec son drapeau bleu et ses grandes inscriptions UN noires sur les murs, elle est aisément reconnaissable et familière à tous. Elle fait partie du décor depuis le début des années soixante-dix. Elle est occupée par quatre observateurs, des officiers sans arme : le major Hans Peter Long (Autriche), le major Paeta Derek Hess Van Kruedeuer (Canada), le lieutenant-colonel Duzhaou (Chine) et le lieutenant-commander Jarno Makinen (Finlande). À la fin de l'après-midi, la position onusienne a déjà comptabilisé dix « firing close ». À chaque fois, j'ai pris contact avec les Israéliens pour leur demander de cesser ces tirs de proximité. Mais ils n'en tiennent pas compte et continuent à dérouler l'exécution d'un plan de feux certainement préparé à l'avance. Les quatre Casques bleus sont retranchés dans leur blockhaus depuis le début de la journée et nous sommes en contact permanent avec eux. Juste avant la tombée de la nuit ils me rendent compte que les parois de leur abri semblent sérieusement ébranlées et j'ordonne alors au Bataillon indien de se préparer à aller les chercher. Pour cela, il me faut aussi obtenir une suspension des tirs israéliens. Mais comme la plupart du temps, dans ces moments critiques, mes interlocuteurs sont comme par hasard « injoignables car en conférence ». Tout va alors très vite. PB Khiam rend compte à la radio qu'il est survolé par un avion israélien, puis plus rien. Aussitôt je rappelle, je tente de faire rétablir la communication, mais seul le silence répond. Je crains malheureusement d'avoir compris. Je rappelle encore les Israéliens pour qu'ils arrêtent immédiatement leurs tirs. Devant la gravité de la situation ils y consentent et le Bataillon indien envoie aussitôt une section sur les lieux. La progression se fait de nuit, par des routes défoncées. Les destructions dans Khiam obligent à chercher dans l'obscurité de nouveaux itinéraires pour enfin atteindre vers minuit ce qui reste du PB. À la lumière des phares de leurs Sisu les soldats indiens fouillent les décombres et finissent par trouver trois corps, en partie carbonisés et difficilement identifiables. Leur état, ainsi que les destructions, donnent à penser que leur abri a été touché par un missile anti-blockhaus GBU-28, capable de traverser de grosses épaisseurs de béton puis d'exploser à l'intérieur de la construction. Une munition américaine livrée à Israël récemment. Le corps de l'officier chinois est introuvable. Les tirs se poursuivent dans les environs de ce que fut PB Khiam et les Indiens sont obligés de se retirer avec les trois corps. Ils les déposent, avec une garde, à la morgue de l'hôpital civil de Marjayoun. Comme pour nos deux civils de Hosh, pas question d'abandonner des membres de la FINUL. Nous reviendrons chercher notre frère d'arme manquant à la première accalmie.

Bien sombre journée qui ne laisse rien présager de bon pour la suite. Le tir de missile sur PB Khiam, une position connue et clairement identifiée, ne peut en aucun cas laisser croire à l'improvisation, et très difficilement à l'erreur. Malgré l'insistance des plus hautes autorités de l'ONU, en particulier de son Secrétaire général, M. Kofi Annan, les Israéliens n'accepteront jamais de participer réellement à une enquête ou de donner accès aux documents concernant cette opération. Ils se borneront à invoquer une erreur informatique, l'ordinateur de bord de l'avion assassin aurait pris PB Khiam pour la position hezbollah qui s'en trouvait à deux cent mètres. Surprenant ! Ils tarderont de plus à se soumettre au service minimum, à savoir présenter leurs excuses.

26 juillet – Bint Jubayl résiste

Nous sommes encore tous sous le choc du drame que viennent de connaître nos camarades de l'ONUST quand, tôt le matin, je reçois un appel téléphonique du Palais présidentiel, à Baabda. C'est le général Emile Lahoud en personne, président de la République libanaise, qui me demande de transmettre ses condoléances à tous les personnels de la FINUL pour ce qui est arrivé à PB Khiam. Pour bien connaître la personne, je sais que cet appel n'a pas été fait par calcul politique mais qu'il est sincère. La Force est au Liban depuis 1978, presque trente ans, elle y a déjà vécu de nombreuses vicissitudes qui sont souvent aussi celles du Liban-sud. On ne peut pas parler ici de présence étrangère, les Casques bleus font partie du quotidien des populations et les mots prononcés par la plus haute autorité de l'État sont bien loin d'être convenus. Ils nous encouragent à poursuivre malgré tout la mission.

Tsahal a finalement pénétré dans Bint Jubayl avec le 51e Bataillon de la Brigade Golani mais la progression y est très difficile. Engagés dans de véritables combats de rues, les Israéliens ne parviennent pas à prendre totalement le contrôle de la localité. Beaucoup de quartiers leur échappent. Tournés et attaqués sur leurs arrières, ils essuient également des tirs de mortier effectués à partir du village d'Aynata, deux kilomètres au nord. Ils essaient de détruire ces positions de batterie en débordant à l'est, par Aytarun, mais n'y parviennent pas. De tels combats nécessitent de gros effectifs, et bien que les Israéliens soient déjà nombreux des unités supplémentaires leur seraient nécessaires. Ils avouent pour la journée huit tués et vingt-deux blessés. L'engagement commence à changer de visage. Les frappes aériennes et les tirs d'artillerie ne suffisent pas à réduire le Hezbollah au silence, bien au contraire. Les roquettes continuent à tomber sur la majeure partie de la Galilée, en moyenne plus d'une centaine par jour, et les combats d'infanterie sur le terrain se multiplient. Les autorités militaires israéliennes modifient leur discours : elles ne recherchent plus « l'élimination de la branche armée du Hezbollah mais une dégradation significative de ses capacités ». Deux divisions de réserve commencent à se regrouper au sud de la Ligne bleue. Cette dernière connaît d'ailleurs d'autres lieux d'affrontement : dans la région de Marwahin, où les Israéliens persistent à pousser vers le nord, à Ayta ash Sha'b, lui aussi fermement défendu, et bien sûr autour de Khiam. Naqoura n'est pas épargnée. Le Hezbollah cherche le couvert de la proximité du camp pour tirer ses roquettes. La riposte d'artillerie ne se fait pas attendre et un obus traverse le mur d'enceinte du camp, heureusement sans exploser, pour finir à l'entrée d'un baraquement de POLLOG. Le chirurgien de l'hôpital indien a moins de chance mais s'en sort tout de même relativement bien. Alors qu'il opère un civil libanais blessé et qu'il ne peut pas l'abandonner sur la table d'opération malgré l'alerte appelant aux abris, un obus frappe de plein fouet le préfabriqué qui est sa chambre. Ce n'est qu'en sortant de l'hôpital, une fois l'intervention terminée, quand il tente de regagner ses pénates, qu'il découvre qu'il ne lui reste quasiment rien. La fragile habitation a été littéralement soufflée, et il ne peut récupérer que quelques effets épars au milieu d'un mobilier calciné. Il ne lui reste que la générosité de son équipe médicale pour retrouver un semblant de garde-robe et avoir un endroit où coucher. Mais il est toujours vivant.

Tsahal va devoir se rendre à l'évidence et accepter d'engager beaucoup plus de moyens terrestres s'il veut à la fois établir sa ZSS et stopper les tirs hezbollah sur Israël. De notre côté nous essayons toujours de comprendre au mieux les tactiques des Israéliens et nous en rendons régulièrement compte à New York. Pour y parvenir nous nous fondons essentiellement sur les observations effectuées par nos postes et qui nous sont envoyées par radio. Tsahal connaît cette partie essentielle de notre mission et brouille de plus en plus nos fréquences pour nous empêcher l'acheminement des comptes-rendus indispensables pour apprécier l'évolution de la situation. D'autant que nos évaluations vont souvent à l'encontre des déclarations officielles de Tel-Aviv. Le Commandement nord doit certainement nous en tenir rigueur car il se refuse fréquemment à communiquer avec nous. La liaison téléphonique est pourtant bonne, mais notre interlocuteur joue les abonnés absents, sauf lorsqu'il a besoin de nous. Certes les cas sont rares mais cela arrive. De notre côté il nous faut parvenir à obtenir des créneaux horaires pour les déplacements des réfugiés, les évacuations des blessés ; négocier des zones à épargner ; faire connaître les situations les plus critiques avant qu'elles ne deviennent intolérables. C'est le lieutenant-colonel John Molloy, un Irlandais opiniâtre, au flegme remarquable mais bien évidemment pas britannique, qui est en charge de la liaison avec Tsahal. Il passe des journées entières au téléphone, cherchant à entrer en communication avec un responsable israélien. Et la plupart du temps il tombe sur un standardiste irresponsable, ou bien ce sont des attentes de plusieurs dizaines de minutes avant d'entendre le bruit du combiné que l'on raccroche. Mais il ne se décourage pas et recommence inlassablement jusqu'à ce que l'interlocuteur finisse par céder. Plusieurs semaines à ce rythme n'ébranleront pas sa détermination. Qu'il en soit remercié.

L'intensité croissante des combats influe de plus en plus sur le sort des populations locales. Le Hezbollah recherche la proximité des habitations qui deviennent alors autant de cibles pour l'adversaire. Les destructions se multiplient, tout comme le nombre des morts et des blessés civils. Malgré le danger, nombreux sont ceux qui prennent le chemin de l'exode. Le PC de compagnie ghanéen 1-0A accueille dans la journée un millier de réfugiés, qui seront par la suite évacués à Tyr. À notre quartier général, à Naqoura, dans l'après-midi, 300 civils forcent un portail et s'engouffrent dans le camp pour y trouver refuge. Nous n'avons pas la capacité de les héberger dans les abris. Avant qu'ils ne s'égaillent, nous les canalisons et les rassemblons dans un hangar. Nous ne pouvons distribuer que quelques couvertures, de l'eau et des biscuits. Une équipe médicale et quelques soldats restent avec eux. Nous essayons de les persuader soit de rentrer chez eux, si possible, soit de rejoindre Tyr lorsque nous pourrons organiser un convoi avec nos cars, sous réserve de la viabilité de l'itinéraire. Alors qu'ils sont là depuis deux ou trois heures nous entendons sur la chaîne de télévision qatarienne Al Jazeera que la FINUL est en train de traiter les populations d'une manière inhumaine. Cette station fait état avec beaucoup de précision des personnes que nous hébergeons à Naqoura : celles-ci seraient soumises à un sort pire que celui qu'on réserve à des prisonniers. Rien à boire ni à manger, gardées par une unité complète d'hommes en armes, surveillées par des chiens agressifs, et avec interdiction de bouger, même pour satisfaire des besoins naturels. Choqué par un tel compte-rendu, à l'opposé de la réalité, même si celle-ci n'est pas des plus roses, je fais appeler le bureau de la chaîne à Beyrouth pour savoir comment ces informations ont été obtenues. Dans sa candeur l'interlocuteur nous donne non seulement le nom de la personne qui a appelé, mais aussi son numéro de téléphone mobile. Nous le composons aussitôt. Une sonnerie retentit au milieu du groupe de nos réfugiés. Nous obligeons alors le coupable à rappeler la chaîne en question et à lui décrire la situation telle qu'elle est réellement pour conclure par un démenti dont j'exige qu'il soit immédiatement diffusé. Ce sera chose faite sans délai, mais aussi sans excuse. L'affabulateur est un membre du Hezbollah dont le but était à la fois de discréditer les Casques bleus, et de décourager les civils d'avoir recours à nous pour quitter la région. Nous le remettons à l'équipe de liaison de l'Armée libanaise qui saura se montrer clémente envers lui. Quant aux malheureux civils rassemblés dans le hangar, 200 sont acheminés à Tyr avec nos véhicules à la fin du jour. Et ceci, malgré la vive opposition du parti chiite Amal que m'exprime par téléphone un des proches collaborateurs de son président, M. Nabih Berry. Les autres se résignent à rentrer chez eux. En cas de tirs, ils auront au moins leur cave où s'abriter.

Il devient évident qu'avec la multiplication des dommages collatéraux nous allons devoir de plus en plus rassembler puis essayer d'évacuer les populations locales. Comme cela a été par deux fois le cas dans cette journée, il est des circonstances où nous sommes obligés d'ouvrir nos postes. Si nous pouvons l'éviter, car nous avons toujours à l'esprit le drame de Qana en 1996, nous regroupons les candidats au départ dans des bâtiments publics, voire des endroits clairement identifiables comme des stades ou des places de marché. Dans tous les cas nous déclarons ces endroits « safe haven » et en informons les autorités libanaises et israéliennes, en donnant les coordonnées et une description la plus précise possible des lieux. Et pour éviter toute équivoque nous envoyons également par fax un extrait de carte où l'emplacement apparaît avec précision. Certains de ces sites sont maintenant permanents comme le Rest House et le Centre de coordination des actions de déminage des Nations unies (UNMACC) à Tyr, d'autres ne seront que temporaires.

Malgré une situation qui s'aggrave le *Siroco* revient pour nous livrer ce qu'il n'a pu décharger la veille par manque de temps. Il a été obligé de sortir de la zone d'exclusion définie par Israël avant la nuit, et a eu l'autorisation de revenir aujourd'hui. Nous sommes touchés par cette sollicitude qui nous permet d'améliorer sensiblement notre situation logistique. Mais encore faudra-t-il par la suite être capable d'acheminer les approvisionnements aux postes, sachant que Naqoura se trouve à l'extrémité ouest de la zone d'opérations et qu'il faut maintenant une journée complète pour pouvoir atteindre nos positions les plus à l'est. Quand la situation permet que nous les atteignions. Nous en profitons pour faire embarquer 98 ressortissants étrangers supplémentaires qui seront acheminés à Chypre.

27 juillet – Une proposition surprenante

Tôt dans la matinée je suis appelé au téléphone par l'attaché militaire de l'ambassade des États-Unis au Liban. C'est la première fois depuis le début du conflit que nos amis américains se manifestent. À tel point que nous avons dû prendre en charge l'évacuation de certains de leurs ressortissants. J'entretiens de bonnes relations avec cet officier supérieur et me demande cependant ce qu'il peut bien me vouloir. En fait, il n'a aucun besoin à exprimer. Bien au contraire, il me propose de mettre en place une équipe de deux officiers et quatre transmetteurs au sein de mon état-major pour servir d'élément de liaison en cas d'opération conjointe. Les États-Unis ont déployé au large des côtes libanaises la 24e Unité expéditionnaire de Marines (MEU, pour Marine Expeditionary Unit) qui est en mesure d'intervenir dans ma zone d'opérations. Elle me fournirait les renforts en question pour faciliter son action éventuelle. Je suis très surpris par une telle offre. Je demande qu'elle me soit confirmée par un fax et fais une réponse d'attente.

Je doute que tout cela soit désintéressé et cherche, en compagnie de mon adjoint, le général de brigade JP Nehra (Inde), ce qui peut bien motiver une telle initiative. Au même moment, à Rome, se réunit la Conférence internationale sur le Liban. Une quinzaine de pays, membres de l'ONU, de l'Union européenne et de la Banque mondiale, y conviennent de travailler à la mise en place d'un cessez-le-feu. Ils soutiennent aussi l'idée du déploiement d'une force internationale au Liban sud sous l'égide de l'ONU. Aucune décision concrète n'est prise à l'issue de cette rencontre. Les États-Unis affichent de leur côté leur intention d'en finir militairement avec le Hezbollah par Israël interposé. La coïncidence avec la proposition qui m'est faite est troublante. Mais les Américains ne sont peut-être pas les mieux informés sur les réalités de la situation au Liban-sud. Ils la voient surtout au travers du prisme israélien, qui ne peut être que déformant. Parmi les cinq membres permanents du Conseil de sécurité, la Chine et la France fournissent un contingent à la FINUL. Cette présence autorise les deux pays à avoir une liaison directe entre leur unité au Liban et leur chef d'état-major des armées respectif. Ce qui leur permet de compléter les comptes-rendus officiels de la FINUL par ce que peuvent glaner leurs compatriotes sur le terrain et au sein du quartier général de la Force. C'est là un avantage essentiel lorsqu'il s'agit de négocier la résolution du conflit. Les Américains cherchent-ils peut-être à pallier leur manque en la matière en mettant en place yeux et oreilles dans mon état-major sous couvert d'hypothétiques opérations à venir de la 24e MEU ? C'est possible, car je les vois mal intervenir directement sur le terrain.

Nous évoquons également d'autres raisons, mais qui ne sont, certes, qu'hypothétiques. Il n'est pas question de faire un quelconque procès d'intention mais tout simplement d'être prudents. Il est notoire que dans cet affrontement les Israéliens ne bénéficient pas seulement de munitions sophistiquées fournies par les États-Unis, mais aussi d'un appui en renseignement, essentiellement obtenu à partir de ce que recueillent les satellites. Les officiers que nous sommes censés accueillir pourraient très bien, eux aussi, transmettre à leur hiérarchie des éléments de situation communiqués par la suite à Tsahal. De quoi porter gravement atteinte à notre principe fondamental d'impartialité. Ils pourraient également être prêts à faciliter des exfiltrations d'agents ou de Libanais pro-israéliens en guidant des hélicoptères embarqués sur les bâtiments de la MEU.

Bien sûr ce ne sont là que conjectures mais elles me confortent dans notre intention de refuser cette main tendue. Elles viennent s'ajouter à d'autres raisons, beaucoup plus légitimes. Tout d'abord les États-Unis ne sont pas un pays contributeur de la FINUL, c'est-à-dire un État membre des Nations unies qui fournit un contingent à la Force. Et ils ne l'ont jamais été depuis la création de cette mission, en 1978. Cette présence ne peut donc être officiellement acceptée, sauf décision au plus haut niveau de l'ONU. Par ailleurs, la position du Hezbollah vis-à-vis des États-Unis est bien connue. Il n'entend faire aucune concession au pays qui l'a couché sur la liste des organisations terroristes. Une présence américaine dans la Force représenterait un réel danger pour l'ensemble de ses membres et le Parti de Dieu aurait là toutes les raisons de s'en prendre à ces Casques bleus qui coopèrent avec le Grand Satan.

Je rends compte de l'offre américaine au siège de l'ONU, en insistant sur les réserves qui nous sont apparues. Un long silence, toujours révélateur dans cette institution, me fait comprendre que je peux répondre à l'attaché de défense par une fin de non-recevoir. Qui n'exclut cependant pas mes remerciements !

Alors que le Chef d'état-major de Tsahal, le général Dan Halutz, affirme que ses forces infligent des « dommages stratégiques énormes » au Hezbollah, ses soldats n'arrivent toujours pas à prendre le contrôle de Bint Jubayl et continuent à y subir des pertes. Ils tentent de s'affranchir de cet obstacle en héliportant des éléments des forces spéciales quelques kilomètres plus au nord. Sans pour autant entamer la détermination du Parti de Dieu. Ses miliciens sont également actifs dans d'autres parties de ce que l'on peut appeler maintenant « le front ». La cadence quotidienne de tirs de roquettes sur Israël ne semble pas faiblir. Une localité comme Affulah, qui se trouve à cinquante kilomètres au sud de la Ligne bleue, est atteinte. Très certainement par des missiles Khaibar 1, de fabrication iranienne. Pour Hassan Nasrallah le bombardement de cette localité n'est qu'un début et « de nombreuses villes seront attaquées si l'agression barbare se poursuit ». Les Israéliens ripostent sur les positions de batterie présumées avec canons et avions, mais souvent sans résultat. En effet, la plupart du temps les tireurs sont partis depuis belle lurette. Quant à la visée, elle n'est qu'approximative, mais cela n'est guère gênant. Le but n'est pas de détruire un objectif avec précision mais plutôt d'effectuer des tirs de harcèlement. En bref, d'entretenir la peur. Le tireur effectue donc son pointage puis relie le système de mise de feu à un minuteur du type petite tomate ou poivron en plastique gradué que l'on trouve dans toute bonne cuisine. Cela lui laisse amplement le temps de prendre ses distances avant une éventuelle riposte.

Le bataillon indien a son lot d'émotions : la position 8-32, près de Hoûlé, reçoit 8 obus de mortier qui dévastent la quasi-totalité des installations. Heureusement, tout le monde était dans les blockhaus. C'est tout ce qu'il leur restera comme habitat pour durer jusqu'à la fin du conflit.

Nous parvenons à un arrangement avec le Commandement nord pour transférer en Israël les corps de trois de nos camarades de l'ONUST tués à PB Khiam. Après être allés les chercher à la morgue de l'hôpital de Marjayoun, nous leur faisons notre dernier adieu sur la Ligne bleue, à proximité du poste 9-64, où se trouve un point de passage dans la clôture. Les Israéliens les remettent aussitôt aux Bérets bleus envoyés par leur Quartier général de Jérusalem.

Le quatrième membre de l'équipe d'observateurs du PB n'a toujours pas été retrouvé et nous nous efforçons de reprendre les recherches sur le lieu du drame. Une équipe de reconnaissance du Bataillon chinois est à proximité mais ne peut approcher. Les tirs d'artillerie israéliens se poursuivent sur le site, alors qu'il n'y a plus rien à y détruire. Il nous semble que Tsahal veut nous empêcher d'approcher et que dans le même temps ils cherchent aussi à effacer toute trace du tir de missile qui a détruit le poste. Nous attendrons, mais nous n'abandonnerons pas notre frère d'arme.

28 juillet – Un vrai but : rester

Nous suivons tant bien que mal les discussions qui se poursuivent à Rome. Le Quartier général de New York fait de son mieux pour nous tenir informés. Mais il se doit de rester neutre et s'en tient à une sage expectative. Le détail des discussions nous parvient par d'autres sources qui nous permettent de mieux saisir les enjeux. Les pays occidentaux semblent s'accorder pour blâmer l'inefficacité de la FINUL et surtout tenter de la remplacer par une force non plus sous béret bleu, mais fournie par l'OTAN ou l'Union européenne. Une force multinationale dont le

Président américain George Bush souhaite officiellement une mise en place rapide sans attendre un cessez-le-feu. Par contre d'autres pays sont plus prudents. C'est le cas de la France et plus généralement des États membres de l'Union européenne qui n'entendent pas déployer de troupes avant qu'un cessez-le-feu soit entré en vigueur La position néanmoins volontariste adoptée par l'OTAN est en partie une conséquence des bouleversements qu'a connus l'Europe au cours de la dernière décennie. Avec la chute du mur de Berlin et la fin de la guerre froide l'Alliance a perdu son « fond de commerce » et il lui faut trouver d'autres raisons pour durer. Alors, pourquoi pas devenir le bras armé de l'ONU ? Un déploiement de ses troupes au Liban sud serait une bien belle occasion à saisir pour justifier une nouvelle forme d'existence. La suprématie américaine au niveau mondial s'en trouverait d'ailleurs confortée puisque les États-Unis jouent un rôle déterminant au sein de l'Organisation du traité de l'Atlantique nord. Ils auraient là un moyen supplémentaire pour peser sur la situation, et aussi tenter de contrôler encore un peu plus étroitement l'ONU. Un tel scénario serait d'ailleurs facilité si la pression du conflit en cours obligeait la FINUL à évacuer, laissant ainsi un grand vide où s'engouffrer. L'ONU perdrait alors toute chance de revenir dans cette région avec une force bien à elle.

Jusqu'à présent personne ne m'a demandé d'évacuer le Liban sud mais New York m'a laissé entendre que si je devais estimer cela vraiment nécessaire il s'en tiendrait à ma décision. Nous communiquons nos différents plans d'évacuation au Quartier général. Les Israéliens seraient d'ailleurs prêts à nous faire transiter par leur territoire pour rejoindre un port ou un aéroport. Un élan de mansuétude qui n'est certainement pas gratuit. Déjà, dès le début du conflit le DOMP m'avait laissé toute latitude pour redistribuer les troupes dans les différents postes en fonction du danger, voire abandonner certaines positions qui auraient été jugées intenables. Jusqu'à présent nous n'en avons rien fait et nous sommes seulement retirés de PB Ras et PB Khiam, tous deux rayés de la carte. Si nous devions abandonner le Liban-sud, l'enjeu nous apparaît maintenant tellement énorme pour l'organisation internationale qui nous accorde sa confiance que nous décidons de rester coûte que coûte, le plus longtemps possible. Jusqu'à épuisement de nos réserves en eau, puisque c'est le premier moyen de durer qui nous fera défaut. J'explique le défi, tel que je le perçois, à l'ensemble de mes commandants d'unité et leur demande de tout faire pour continuer la mission jusqu'à la fin du conflit. Tout abandon de la zone d'opérations doit être exclu. Leur réponse me donne le sentiment qu'ils ont maintenant un but tangible, concret, un défi qu'ils sont décidés à relever : on veut nous faire partir, et bien nous resterons !

Les tirs de roquettes depuis le Liban se poursuivent : plus de 200 pour la journée. Ce qui fait dire au ministre israélien de la Défense Amir Peretz que « peu d'armées au monde possèdent autant de missiles que le Hezbollah ». Celui-ci continue à rechercher la protection qu'il s'imagine offerte par la proximité de nos postes. Les Israéliens sont conscients du manège et s'efforcent de nous épargner au maximum. Ils me font savoir qu'ils ont défini une zone d'un rayon d'un kilomètre autour de toutes nos positions et à l'intérieur de laquelle ils ne tireront pas, sauf cas de force majeure. Malheureusement les exceptions seront nombreuses. Dans la région d'At Tiri, les postes ghanéens 6-41 et 6-44 sont entourés de thalwegs profonds utilisés par les miliciens. Tous deux sont atteints par les tirs de riposte israéliens qui font quatre blessés. Malgré cela la présence hezbollah persiste dans la zone. Pour limiter les risques je décide de réduire les effectifs de ces deux positions au strict minimum nécessaire. Les hommes jugés en surnombre profitent d'une accalmie pour rejoindre le PC de leur bataillon, à Tibnin.

Certains postes se trouvent désormais en zone occupée en permanence par Tsahal et leur ravitaillement devient très problématique. Nos deux dernières bases armées par l'ONUST, PB Hin et PB Mar, sont maintenant débordées par l'assaillant. PB Hin a reçu un obus à sous-munitions qui oblige ses occupants à sortir avec une précaution extrême de manière à ne pas faire exploser ces gros œufs métalliques capables de vous déchiqueter une jambe. Chaque position n'est tenue que par quatre officiers non armés et leurs observations peuvent être relayées par des postes FINUL situés à proximité. Je décide de fermer ces deux derniers PB encore actifs et de rapatrier les observateurs sur Naqoura. C'est là que nous avons regroupé les 51 officiers de l'ONUST car il est hors de question pour eux de rejoindre leurs logements à Tyr. Faute de place leur hébergement est des plus rustiques mais ils bénéficient d'un minimum de sécurité et de soutien logistique.

Les affrontements ne faiblissent pas dans toute la zone d'opérations. Il nous semble cependant que les Israéliens piétinent et sont en train de chercher d'autres modes d'action pour réduire le Hezbollah au silence. Dans la nuit du 27 au 28, 130 sites sont bombardés par l'aviation israélienne. Elle n'épargne pas, non plus, une colonne de réfugiés en train de quitter Rmaich. La 35e Brigade parachutiste piétine dans Bint Jubayl, tandis qu'Aynata résiste toujours. L'abcès n'est pas crevé, loin de là.

Tant bien que mal nous aidons les populations restées sur place. Nos électriciens réussissent à remettre en route la centrale électrique de Marjayoun et à réparer une partie du réseau qui y est connecté. D'autres parviennent à faire redémarrer les stations de pompage d'eau de Ibil as Saqy et Rachaïya el Foukhar.

La seule note positive de cette journée ? Notre fournisseur habituel de carburants, la société MEDCO, nous téléphone de Beyrouth : malgré les destructions, et les razzias sur l'essence effectuées par les particuliers, elle a réussi à préserver les volumes qu'elle nous fournit mensuellement. Son unique problème, et nous n'en sommes guère surpris : elle ne peut pas nous livrer. Nous allons donc organiser un convoi de camions-citernes en direction de la capitale libanaise et essayer de trouver un itinéraire sans coupures. Au prix d'un long détour par le Chouf nous parviendrons à atteindre le dépôt et rapporteront le précieux liquide. Ce sera la seule fois durant le conflit où des éléments de la Force seront passés au nord du Litani.

29 juillet – Tsahal se retire de Bint Jubayl

Malgré leurs efforts les Israéliens ne parviennent pas à prendre le contrôle de Bint Jubayl qui devient le symbole de la résistance du Liban-sud face à l'agresseur. Ils y ont perdu une soixantaine des leurs dont onze tués, et revendiquent la mort de soixante-dix combattants chiites. Ils se replient au sud de la localité, sur les hauteurs de Marun ar Ras, mais restent en territoire libanais. Notre position 6-52, au sud du village, a épuisé ses réserves d'eau et de carburant. Impossible de la ravitailler en traversant la zone d'opérations depuis Naqoura. Après de laborieuses tractations Tsahal nous autorise à organiser un convoi de nuit qui, pour rallier la position, pourra passer par le sud de la Ligne bleue, c'est-à-dire en territoire israélien. Dans un tel contexte le danger ne vient plus tant des obus israéliens que des roquettes du Hezbollah. Cependant tout se passe bien et nos Ghanéens ont maintenant de quoi tenir environ dix jours de plus. Avec un tel exemple chacun reste bien conscient de la nécessité d'économiser eau, nourriture et carburant au maximum. Pour toute la Force, la consommation d'eau est limitée au mieux, selon les postes, à trois litres par homme et par jour. En plein été, avec de longues heures passées sous le béton, c'est vraiment très peu.

Des civils, pour leur part, continuent à fuir les lieux des affrontements alors qu'Israël rejette une trêve humanitaire de soixante-douze heures demandée par l'ONU, et refuse de se prononcer sur une date pour la fin de ses opérations. Nous escortons encore trente-huit de ces nouveaux déracinés de Naqoura à Tyr. Ceux qui n'ont d'autre solution que de rester ne sont pas mieux lotis que nos Casques bleus, loin de là.

Bloqués sur cette partie du front, les Israéliens essayent maintenant de progresser beaucoup plus à l'est. C'est l'opération « Toile d'acier 3 ». Ils ont concentré de nouvelles unités, dont certaines appartiennent à la Brigade Nahal et à la 401e Brigade blindée, dans la région de Metulla.

À partir de là ils vont tenter de pousser en direction du Litani et de Marjayoun. Pour franchir la clôture il leur suffit de rouvrir l'ancienne « Porte de Fatima » par laquelle ils transitaient à l'époque où ils occupaient une partie du Liban, avant mai 2000. Puis ils longeront les larges excavations que leurs prédécesseurs avaient pratiquées en territoire libanais en 1999 pour y récupérer le maximum de terre arable et la transporter en Israël pour amender les sols de plusieurs de leurs exploitations agricoles. Quatre cent hommes et une trentaine de chars se dirigent vers Kafr Kila, où ils sont pris à partie et comptent très vite plusieurs blessés.

Les postes de la FINUL implantés dans cette zone appartiennent tous au Bataillon indien. Cet intérêt nouveau pour cette partie de la Ligne bleue ne fait pas leur affaire. 8-34, près de Mays al Jabal, reçoit de plein fouet un obus d'artillerie qui fait de très importants dégâts matériels. Deux occupants de 9-63, près d'El Addaisseh, sont blessés par des éclats de bombes aériennes. Ils peuvent être évacués sur le dispensaire du PC du bataillon et y recevront les soins appropriés.

30 juillet – Encore Qana

Tout comme Bint Jubayl, où les Israéliens ont jusqu'à présent échoué, Qana est également un fief où le Parti de Dieu est très présent. C'est d'ailleurs lui qui y entretient, et non sans arrière-pensées, le souvenir du bombardement israélien du 18 avril 1996. Depuis le début du conflit, ses combattants ont tiré depuis le village-même ou ses abords immédiats plus de 150 roquettes. Tsahal cherche donc à y mettre fin. Très tôt dans la nuit, un avion largue une bombe, au centre du village, sur un immeuble de trois étages qui s'écroule. Il était supposé servir de cache à munitions pour le Hezbollah, ce qui ne pourra pas être confirmé. Dans l'affolement et l'obscurité, il est très difficile de rechercher les victimes et de les dénombrer. Pas suffisamment de moyens de levage. Des secours très lents à arriver car les routes sont bloquées par des cratères et des maisons effondrées. Après plusieurs heures d'efforts deux équipes médicales des Bataillons ghanéen et indien ainsi que des engins de génie du Bataillon chinois parviennent sur les lieux. Ils y retrouvent la Croix-Rouge libanaise et des ambulances privées. Alors que le jour se lève et que les secours sont mieux organisés le chiffre initial de 54 morts est ramené à 28, dont 16 enfants ; et 9 blessés. Même cette révision à la baisse ne peut être acceptable et ces morts restent insupportables. Des civils ont encore payé pour un combat qui n'est pas forcément le leur. Une telle injustice est ressentie jusqu'à New York, au Conseil de sécurité, et le Secrétaire général parvient à obtenir des Israéliens qu'ils suspendent toutes les opérations aériennes pendant quarante-huit heures. Cette trêve dans l'utilisation de la troisième dimension signifie également que les troupes au sol ne peuvent plus bénéficier d'appui aérien. D'où un léger ralentissement des opérations terrestres en cours. Dans la région de Yarin, des bulldozers israéliens, couverts par des chars, entreprennent la destruction de positions hezbollah. Bien que remis en question, le mythe de la ZSS perdure. À tel point que Tsahal exige l'évacuation des civils de Ramyah et Ayta ash Sha'b.

À Naqoura, nous mettons à profit ce semblant d'accalmie pour organiser une brève cérémonie en souvenir de nos quatre camarades tués à PB Khiam. Dont un d'ailleurs reste encore à trouver. Des observateurs évoquent en termes simples et touchants ces frères d'armes qu'ils ont côtoyés dans les bases de patrouille. Au-delà de cultures différentes ils étaient unis par la même mission et, en dépit d'échanges dans un anglais parfois laborieux, ils parvenaient à travailler ensemble, à se comprendre et s'apprécier. Des yeux s'embrument sous le casque bleu durant ce dernier adieu clos par une minute de silence. Nous n'oublierons pas, mais le mandat demeure et d'autres épreuves sûrement sont encore à venir.

15 juillet 2006 – Al Bayyadah –
Civils de Marwahin stoppés dans leur fuite par un missile israélien.

CHAPITRE 4

Pas de victoire sans conquête du terrain

Voici maintenant plus de deux semaines que les hostilités ont été engagées et Tsahal n'est même pas parvenu à s'emparer de la première ligne de défense du Hezbollah. Malgré une moyenne de 400 sorties par jour l'aviation ne peut faire cesser les tirs de roquettes qui obligent les habitants de la majeure partie de la Galilée à vivre dans les abris. L'échec de la campagne aérienne est maintenant patent. Et l'état-major israélien doit se résoudre à engager une véritable offensive terrestre qu'il fait approuver par le cabinet. 15 000 réservistes sont convoqués en l'espace de trois jours pour aller renforcer leurs camarades qui pour la plupart piétinent tout près de leur pays. Cette nouvelle phase des combats, décidée sous la pression des circonstances, n'a certainement pas fait l'objet d'une planification de longue date et les improvisations qu'elle nécessite vont peser sur la suite des opérations. D'autant que s'emparer des positions les plus proches ne peut suffire et qu'il faut songer à contrôler la seconde ligne de défense du Parti de Dieu, dans la profondeur, immédiatement au sud du Litani, celle qu'il appelle « Badr ».

31 juillet – Fragile accalmie aérienne

La nuit a été étrangement calme. La suspension des opérations aériennes a été globalement respectée. Elle devrait aussi l'être pour l'ensemble de la journée. Pourtant, tout juste avant midi, sur la route côtière, à hauteur du pont de Qasmiye qui permettait de franchir le Litani et est maintenant détruit, un avion israélien tire un missile. Il atteint le véhicule du commandant de la 12e Brigade de l'Armée libanaise, le général Héloué. L'officier s'en sort indemne. Son conducteur est tué. Jusque-là, Tsahal s'était globalement attaché à faire la différence entre les Forces armées libanaises et le Hezbollah. Cette fois, au non-respect des engagements s'ajoute une attaque injustifiée de militaires libanais.

Çà et là, en fonction de l'urgence, il y a d'autres actions par air, essentiellement pour appuyer des troupes au sol. Lorsqu'ils ne cherchent pas de nouveaux axes de pénétration, les Israéliens s'accrochent aux positions acquises. Leur dispositif reste inchangé de Naqoura à Mays al Jabal, en passant par Ayta ash Sha'b, Yarin et Marun ar Ras tandis qu'ils progressent sensiblement plus à l'est, dans la région de Kafr Kila, réputé pour être un centre logistique du Hezbollah. Une fois le village dépassé ils sont maintenant aux abords d'At Tayyabah et El Addaisseh. Les éléments les plus avancés s'efforcent d'y tenir le terrain difficilement conquis et attendent l'arrivée prochaine des unités en cours de mise sur pied et de déploiement pour pouvoir relancer leur action.

Les échanges de tirs continuent, mais le Hezbollah, pour la première fois, réduit le nombre de ses harcèlements. Il ne tire que 60 roquettes pendant les dernières vingt-quatre heures. Côté FINUL, la position 8-34 reçoit un nouvel obus d'artillerie. Il n'y avait pourtant plus grand-chose à y détruire ! Et les civils cherchent toujours à rejoindre des lieux plus sûrs. 180 habitants du village maronite de Rmaich, malgré le dévouement des religieuses du dispensaire, quittent leurs maisons pour la région de Tyr tandis que nous apportons eau et nourriture à ceux qui décident de rester. De même, 200 villageois de Chebaa, à l'extrémité est de la zone d'opérations, forment un long convoi pour rejoindre le débouché sud de la vallée de la Bekaa. Les préparatifs israéliens qu'ils peuvent observer autour de Metullah, tout proche, leur font craindre de ne plus être très longtemps épargnés par les combats. À Marun ar Ras, au cours d'un assaut, une Libanaise et son fils se retrouvent dépassés et isolés par une section israélienne. L'action terminée, celle-ci les évacue de l'autre côté de la Ligne bleue, en Israël, pour nous les faire remettre au passage de Ras Naqoura quelques heures plus tard. Rare initiative humanitaire qui éclaire des heures parfois bien sombres. Toujours dans la même zone, les Ghanéens du poste 6-52 accueillent 25 civils avec qui ils devront partager de maigres réserves d'eau et l'abri exigu des blockhaus.

Le mandat de la FINUL est d'une durée de six mois. Il a été régulièrement reconduit depuis la création de la Force. En ce 31 juillet se termine celui qui lui a été confié le 1er février. Les derniers événements n'ont pas permis au Conseil de sécurité de statuer sur un renouvellement de la mission pour les six mois à venir. Prudemment, il s'accorde pour une prolongation d'un mois. D'ici là, soit la FINUL aura disparu, soit elle se verra confier de nouvelles missions. À notre niveau, nous en concluons que New York veut nous voir tenir encore trente jours et nous nous préparons en conséquence. Pas question de partir.

1er août – Tentative de relance israélienne

Tsahal cherche à reprendre sa progression en plusieurs endroits du front. Cinq brigades sont engagées au Liban. Il s'agit du volume de troupes le plus important depuis le début du conflit, et il apparaît nécessaire pour arriver à percer cette ligne de positions hezbollahs qui leur tiennent tête. Tout comme l'a fait Bint Jubayl quelques jours auparavant, c'est maintenant Ayta ash Sha'b qui résiste aux infiltrations des fantassins de la 35e Brigade parachutiste accompagnés de blindés. Le lieu de l'embuscade du 12 juillet est tout proche et les abords sud du village ont été cause de pertes pour les assaillants dès le premier jour du conflit. Et cela continue. Il n'est pas possible de pénétrer dans cette place-forte où les caves des maisons sont autant de blockhaus, où les sous-sols des mosquées cachent des dépôts de munitions, et où les combattants s'évanouissent brusquement et réapparaissent là où on ne les attend pas grâce à un vaste réseau de souterrains. Pourtant, ils ne sont guère plus qu'une soixantaine, équipés d'armes antichars et de mortiers.

La situation semble un peu plus favorable dans la région de Hula et Kafr Kila, mais elle n'a rien à voir avec les grandes chevauchées de la guerre des Six jours dans le Sinai. Les avancées sont prudentes et lentes. Pour les accélérer, quelques unités légères sont héliportées plus en avant, dans la profondeur, afin d'obliger le Parti de Dieu à combattre sur deux fronts. Mais les résultats sont peu probants, par manque de coordination entre les assaillants et les éléments appelés à les aider. Après la relative accalmie de la veille, le Hezbollah recommence à multiplier ses tirs de roquettes. Sans compter ceux que nous ne pouvons pas observer, 147 départs sont enregistrés pour la journée. Aucune des deux parties ne lâche, et les civils sont toujours au cœur de la tourmente.

Les tirs d'artillerie et les bombes ou missiles lancés depuis les avions prennent toujours des agglomérations pour cibles. Avec leurs excavateurs, des sapeurs du CHINBATT fouillent un bâtiment écroulé à Jibal al Butm et en retirent deux corps. Une équipe de reconnaissance du même bataillon est toujours à proximité de Khiam. Profitant d'une accalmie des tirs, elle a pu s'approcher de la base de patrouille de l'ONUST. Le terrain y a été totalement bouleversé par bombes et obus. Seul un bulldozer peut leur permettre de se frayer un chemin pour atteindre ce qui reste de l'ancien poste.

Toute la partie est de la zone d'opérations est totalement isolée et ne peut recevoir aucune aide humanitaire en raison des nombreuses coupures de route. La situation est légèrement meilleure à l'ouest et nous pouvons escorter un convoi de vivres et d'objets de première nécessité de Tyr à

Qana. Les ONG et autres organisations humanitaires refusent généralement d'être accompagnées par des militaires, même s'il s'agit de Bérets bleus, et exigent de pouvoir se déplacer seules sur le terrain. Elles souhaitent ainsi éviter le mélange des genres et s'imaginent que leurs logos et leurs attitudes de bon samaritain suffisent pour assurer leur sécurité. Nous savons pertinemment que, dans les circonstances présentes, ce ne peut pas être le cas et je refuse catégoriquement de laisser de tels convois se déplacer seuls : ils n'ont aucune connaissance de l'état des itinéraires et sont dépourvus de toute protection en cas de bombardement. La présence d'un à deux SISU leur permettra, si besoin est, de quitter leur cabine au toit de tôle pour un blindage plus sûr, voire de rejoindre une position dont, sans nous, ils ignorent la proximité.

Cette première journée du mois d'août est traditionnellement au Liban le Jour de l'Armée, le soixante-et-unième pour cette année, et le commandant en chef, le général Michel Sleimane, entend ne pas déroger à la tradition. Dans son ordre du jour il demande aux soldats de rester en alerte et prêts à agir face à l'agression israélienne.

2 août – Embrasement de tout le front

Les unités de renfort israéliennes ont maintenant atteint leurs bases de départ et c'est l'ensemble de la Ligne bleue qui va subir leur pression. 3 divisions sont engagées, alors que trois autres, de réserve, sont rappelées. Selon le chef d'état-major adjoint, le général Moshe Kaplinsky, 9 000 hommes sont au Liban. Les échanges de tirs n'ont jamais été aussi intenses depuis le début de l'affrontement et la trêve aérienne étant terminée avions et hélicoptères armés multiplient les sorties. À l'extrémité ouest de la zone d'opérations, des chars Merkava s'engagent en direction du nord, entre Marwahin et Ramyah. Malgré une faible opposition ils progressent très lentement. Plus à l'est, la Brigade Golani vient renforcer la 35e Brigade parachutiste engagée dans de difficiles combats de rue à Ayta ash Sha'b, une sorte de nouveau Bint Jubayl où, d'ailleurs, Tsahal ne se risque plus. Vers Hula et Kafr Kila des unités mécanisées tentent toujours de déboucher de la dépression de Qiryat Shemona mais le franchissement des crêtes est âprement disputé. Le poste indien 8-32 reçoit deux roquettes tirées par le Hezbollah. Plusieurs éléments d'habitation en préfabriqué y sont totalement détruits. Enfin au nord de Metulla, la Ligne bleue est franchie et une poussée se dessine en direction de Khiam et Marjayoun.

À proximité de la ligne de démarcation entre Liban et Israël les Bérets bleus font le gros dos tandis que plus à l'intérieur nous essayons de faire face aux urgences. À Srifa, les sapeurs chinois s'affairent pour dégager le centre du village où plusieurs maisons se sont effondrées sous les coups de l'artillerie israélienne. Des éléments du Hezbollah en profitent pour tirer quatre roquettes à partir des lisières de la localité. Les sauveteurs se replient sans plus attendre et pour leur plus grand bien : dans les minutes qui suivent dix obus israéliens tombent précisément là où se trouvait le chantier. Encore une fois il faudra rappeler aux autorités libanaises que ce n'est pas en cherchant à tirer profit de la proximité de la FINUL que le Hezbollah peut épargner la vie des civils. Au contraire, en agissant ainsi il les prend en otages. Mais peut-être est-ce, en quelques occasions, le but recherché.

L'itinéraire de Tyr à Qana a été dégagé et utilisé la veille pour acheminer un convoi humanitaire. En continuant sur le même axe vers l'est, un nouveau convoi sous escorte parvient à relier Tyr à Tibnin avec eau et vivres pour les habitants. Ceux qui y sont encore ne partiront sûrement plus. Alors que là où se dessine la pénétration en direction de Marjayoun, les craintes augmentent et de nouveaux réfugiés s'enfuient vers le nord. 70 d'entre eux quittent El Meri, pas très loin de Khiam, en direction de Kaoukaba. La Bekaa est proche.

3 août – Atteindre le Litani

Petit à petit la nouvelle stratégie des Israéliens apparaît plus clairement : ils tentent de réduire au maximum, et le plus rapidement possible, la poche où évolue le Hezbollah entre la ligne des contacts et le Litani. C'est le plan « Changement de direction 8 ». S'ils réussissaient, la zone occupée serait alors plus importante que celle que Tsahal a dû évacuer en mai 2000. Deux poussées se dessinent nettement. La première à l'ouest, à partir de la ligne Ad Duhayrah – Marwahin. Ce sont des éléments de la valeur d'une brigade d'infanterie, soit environ 1 500 hommes. Ils sont maintenant à Tayr Harfa et poursuivent en direction d'Al Bayyadah où ils pourront atteindre la mer. La seconde, à l'autre extrémité du front, est orientée est-ouest : Kafr Kila et Deir Mimess sont maintenant dépassés, et les hommes de la Brigade Nahal engagent une lutte acharnée dans le labyrinthe des maisons d'At Tayyabah. Ce dernier village empêche l'accès à Al Qantarah, plus à l'ouest, qui est cependant soumis à des tirs d'artillerie. Dans les autres secteurs, les progrès sont beaucoup moins nets : Ayta ash Sha'b résiste, c'est le statu quo à Marun ar Ras, Hula semble difficile à atteindre, tandis que Mhaïbeb et Mays al jabal sont en cours de nettoyage.

Le Hezbollah reste très actif sur l'ensemble de la zone. Ses éléments, très légers, mobiles, dotés parfois d'armements récents et sophistiqués, harcèlent sans cesse les forces israéliennes. Tels des frelons dérangés au nid ils surgissent là où on ne les attend pas, tirent quelques missiles antichars, roquettes ou coups de mortier, puis s'esquivent. Ils essuient des pertes, mais elles sont difficiles à estimer. Nous penchons pour une centaine de combattants, depuis le début du conflit, alors que les Israéliens triplent ce chiffre. Nous nous demandons bien comment ils peuvent effectuer un tel décompte ! Et alors que les affrontements se développent sur le sol libanais, les roquettes continuent à pleuvoir sur le nord de la Galilée. Après une légère baisse, on revient à une fréquence de plus de 200 projectiles pour cette seule journée, dont 150 tirés en moins d'une heure !

À proximité de Markabe un SISU est pris sous des tirs d'armes d'infanterie d'origine indéterminée. Il parvient à sortir sans encombre de la zone battue par les feux. Profitant d'une accalmie, un convoi ghanéen exfiltre les 25 civils qui étaient réfugiés à 6-52 depuis quatre jours et les amène à Tibnin, en attendant de pouvoir les acheminer à Tyr.

4 août – La dernière victime de PB Khiam

Malgré les violents affrontements qui se déroulent un peu plus à leur sud-ouest, dans la région de Kafr Kila, les soldats du CHINBATT ont enfin pu rejoindre les ruines de la base de patrouille, à Khiam. Ils les fouillent avec les rares engins de travaux publics encore utilisables dans la région. Après deux journées d'efforts, interrompues de temps à autre par l'arrivée d'obus trop proches, ils découvrent enfin le corps du quatrième observateur. L'état de notre camarade confirme bien le tir d'un missile anti-bunker. Le soir même, par le passage dans la clôture israélienne que nous avions déjà utilisé auparavant pour un transfert similaire, nous remettons notre frère d'armes chinois à ses compagnons de l'ONUST qui l'emmèneront à Jérusalem.

Les dernières vingt-quatre heures n'ont pas permis aux Israéliens d'enregistrer de progrès notoires. Ils cherchent partout à progresser mais l'opposition est forte et rares sont les tentatives d'infiltration qui ne sont pas rapidement bloquées. Ils essaient de contourner le verrou d'Ayta ash Sha'b par l'ouest, en cherchant à atteindre Al Qawzah. Ils tiennent toujours les hauteurs de Marun ar Ras d'où ils dominent Bint Jubayl, sans toutefois y risquer un retour. Finalement, seule la bande de terrain qu'ils tiennent sur le côté ouest de la dépression de Qiryat Shemona s'élargit légérement jusqu'à une ligne At Tayyabah (où un bombardement d'artillerie tue 7 civils libanais), Markaba, Hula. Sur l'ensemble de la zone conquise, entre les unités de premier échelon et la Ligne bleue, ils déploient encore des éléments équipés de bulldozers qui s'activent à détruire les positions évacuées par le Hezbollah. Ce dernier a observé le manège car la majorité des quelque 300 roquettes tirées ce jour-là s'abattent à proximité de la ligne qui sépare le Liban d'Israël et délaissent pour un temps des objectifs plus à l'intérieur du territoire israélien.

Dans la nuit, des commandos de la Marine israélienne, qui appartiennent à la Shayetet[1] 13, sont héliportés dans la région de Tyr afin d'y détruire un poste de commandement hezbollah considéré comme particulièrement important. Déposés à la périphérie nord de l'agglomération, ils progressent rapidement avant d'être accrochés par les miliciens près de leur objectif. Ils réussissent néanmoins à causer de gros dégâts avant de se retirer, au bout de trois heures. La proximité d'une unité de l'Armée libanaise ne leur a pas facilité la tâche, loin de là. Elle s'est essayée à prendre à partie les hélicoptères, mais sans résultat, si ce n'est un transport de troupes M 113 détruit de son côté. Les Israéliens arrivent à s'exfiltrer, avec 10 blessés dans leurs rangs, tandis que l'Armée libanaise a 1 tué et le Hezbollah 7.

La FINUL revit une situation un peu similaire à celle qu'elle connaissait avant le retrait israélien de mai 2000 : une partie de ses postes reste en zone encore libanaise, mais de plus en plus de positions sont dépassées par les unités israéliennes et se retrouvent de facto dans un territoire nouvellement occupé où tout déplacement devient quasiment impossible. Le siège de l'ONU me demande d'étudier un redéploiement de ces dernières positions pour transférer leurs occupants plus au nord. Malgré toute notre bonne volonté une telle solution n'est pas envisageable : l'état de notre logistique ne me permet pas d'imposer de nouvelles bouches à nourrir aux unités dont les vivres et l'eau sont déjà réduits à la portion congrue. Par ailleurs, le fait d'évacuer ces postes équivaudrait à une reconnaissance tacite de l'occupation israélienne dans une zone qu'ils cherchent sans cesse à étendre. Plutôt que de capituler, peut-être vaut-il mieux laisser cette épine, si petite soit-elle, dans le pied de l'envahisseur. Elle pourrait être d'un grand secours à l'ONU par la suite. C'est finalement cet argument qui est le plus convaincant pour mes correspondants new-yorkais qui en abandonnent aussitôt leur projet.

Deux civils gravement blessés sont opérés à notre hôpital de campagne, à Naqoura, tandis que le contingent français parvient à distribuer des rations alimentaires aux villageois restés à Ramyah, et Al Qawzah où ils évitent de peu quelques tirs de chars israéliens. Toujours cette extrême réticence à nous laisser, au moins, remplir notre mission humanitaire.

---

1. « Flottille » en hébreu.

5 août – Pas d'issue en vue

La communauté internationale semble marquer le pas : des propositions s'ébauchent mais aucune ne fait l'unanimité pour l'instant. L'envoyé américain à Beyrouth, M. David Welch, plaide pour le déploiement d'une force internationale et un accord politique, mais sans résultat. Manifestement les forces israéliennes en profitent et cherchent à gagner du terrain tout au long de la ligne de front. Les résultats sont inégaux et la poussée la plus notable se produit à l'extrémité ouest de leur dispositif. Après avoir dépassé Tayr Harfa, elles occupent maintenant Al Bayyadah. La Méditerranée s'étend à leurs pieds et depuis le haut de la falaise, dont la blancheur éclate sur le fond bleu de la mer, elles peuvent voir Tyr qui n'est plus qu'à une dizaine de kilomètres à vol d'oiseau. Elles sont désormais en mesure de contrôler la route côtière qui relie notre quartier général de Naqoura au reste du Liban. Entre Ayta ash Sha'b et Bint Jubayl, tous deux obstacles à leur progression, la conquête de Rmaich leur apparaît comme un nouvel objectif pouvant leur permettre de pousser plus en avant vers le nord. Enfin, la région sud de Khiam connaît un regain d'activités avec quelques avancées jusqu'aux abords de Sarda. Le Hezbollah, quant à lui, a réduit le volume de ses tirs de roquettes : « seulement » 120 pour la journée. Il est fort possible que ce ralentissement soit dû à la forte reprise des bombardements israéliens : plus de 250 sorties aériennes et quelque 4 000 obus d'artillerie.

Voilà maintenant plus de 3 semaines que le conflit a débuté et on ne voit pas encore comment en hâter la fin. Les hôpitaux libanais n'ont plus qu'une semaine de carburant pour leurs groupes électrogènes. Jusqu'à présent, même si le montant de nos pertes s'élève à 6 morts et 11 blessés, nous pouvons considérer que les Casques bleus ont eu de la chance compte tenu de l'intensité de l'affrontement et des tirs de toutes natures échangés. Néanmoins, les pays qui fournissent des contingents à la Force s'inquiètent de plus en plus. Ils doivent tout d'abord justifier leur engagement vis-à-vis de leur opinion nationale, et leurs raisons seront de moins en moins acceptées au fur et à mesure que cette situation s'éternise. Ils craignent bien sûr que leur politique soit mise en difficulté par quelques morts ou blessés. Nous recevons donc des appels inquiets et de plus en plus fréquents d'ambassadeurs, voire directement de ministres : surtout pas de pertes, à nous de nous débrouiller. Je m'efforce de les rassurer, avec toute la diplomatie possible, face à leur insistance souvent déconnectée des réalités du terrain. Et puis, sans le dire officiellement au siège de l'ONU ou à moi-même, ils imposent à leurs soldats de nouveaux « caveats ». Ce sont des restrictions nationales à l'exécution des missions requises par le mandat et elles sont normalement inscrites dans l'agrément signé entre le pays contributeur et l'ONU lors de la mise en place des unités. Le chef de mission en est donc informé et agit en conséquence lorsqu'il a une tâche à ordonner. Je sais, par exemple, que certains bataillons ne sont pas autorisés à mener une action en dehors de la zone d'opérations qui leur est normalement attribuée, que d'autres n'acceptent pas de soutien sanitaire autre que national, etc. Mais quand le danger se fait plus réel et plus pressant certains pays cherchent à s'entourer de davantage de précautions, et souvent sans publicité. C'est ainsi qu'un bataillon s'est vu brusquement interdire par son ambassadeur au Liban toute opération de déblaiement d'immeubles effondrés et de recherche de victimes civiles. Trop dangereux. Finalement c'est l'officier commandant ce contingent qui se trouve dans la situation la plus inconfortable. Il est littéralement écartelé entre ses nouvelles directives nationales et le respect de procédures opérationnelles que son pays a auparavant acceptées. Il lui faut choisir entre son ministre de la Défense et le commandant de la Force. À la décharge de ces responsables de terrain, je dois reconnaître que la plupart du temps ils ont su concilier nouvelles exigences et respect de la mission, en prenant des risques calculés dont, fort heureusement, ils n'ont jamais eu à se repentir. Il n'en reste pas moins que leur position était déjà assez difficile du fait des opérations pour ne pas en rajouter.

6 août – Combien de temps encore ?

Nous apprenons par la radio que le Liban vient de rejeter un projet franco-américain de résolution. Il prévoyait une cessation des hostilités, un accord politique entre les parties et la mise en place d'une autre force internationale, mais n'évoquait pas le retrait israélien du territoire libanais. Ceci explique cela, mais ce refus porte aussi certainement sur la nature des troupes à envoyer. Ce pourrait être des soldats de l'OTAN, voire de l'Union européenne, et Beyrouth ne veut pas entendre parler d'autre chose que d'une force sous béret bleu. Compte tenu de l'expérience vécue depuis 1978, peut-être la juge-t-il plus facilement manipulable ? De son côté Shimon Peres, affiche la détermination des Israéliens à poursuivre les hostilités pour certainement, selon lui, plusieurs semaines encore. Le Hezbollah n'est pas encore assez affaibli à leurs yeux. Il faudra cependant emporter rapidement une décision car la Syrie commence à tenir des propos menaçants, et à se consulter avec l'Iran qui juge la proposition franco-américaine « injuste ».

Ce début de course contre la montre engagée par l'ensemble des protagonistes ne se traduit pourtant pas encore sur le terrain de manière significative. À quelques exceptions près. À l'ouest, les hauteurs d'Al Bayyadah sont maintenant bien tenues par les Israéliens qui, avec l'aide de leurs forces spéciales, étendent leur dispositif vers le nord jusqu'à Al Mansuri. L'explosion d'une cache d'armes hezbollah leur cause 5 blessés. Ils sont aussi entrés dans Mays al Jabal où ils essuient des pertes sensibles. Beaucoup plus au nord, ils dépassent At Tayyabah et poussent plein ouest, parallèlement au Litani, avec Al Qantarah pour prochain objectif. Par contre, ils se font surprendre en terre israélienne, à Kafar Giladi. Alors qu'une unité de réservistes s'y rassemble sans aucune discrétion, elle est observée par le Hezbollah depuis les falaises surplombant la vallée à l'ouest. Il déclenche sans attendre un tir qui fait 12 tués et 18 blessés. Parmi ces derniers se trouve le commandant de la 162e Division blindée, le général Gay Tsor.

À Qasmiyeh, là où la route côtière franchit le Litani, les Libanais ont réussi à remplacer le pont détruit par un franchissement de fortune, juste à proximité des ruines de l'ouvrage. Mais un raid aérien israélien y coupe à nouveau le Liban-sud de Saida : 5 cratères de 4 mètres de diamètre et 2 mètres de profondeur rendent maintenant toute traversée impossible. Les autorités libanaises nous font savoir qu'elles veulent à nouveau rétablir le passage, mais uniquement pour des raisons humanitaires. Et pour prouver leur bonne foi, elles proposent même d'y installer un point de contrôle qui empêcherait le Hezbollah de traverser vers le sud ! Je leur fais comprendre que ce n'est ni crédible, ni réalisable mais, par acquis de conscience, et parce que c'est mon rôle, je transmets cette offre au Commandement nord israélien. Ce dernier ne ferme pas la porte, mais m'informe que la décision doit se prendre au niveau politique et que la réponse a toutes les chances de se faire attendre.

Le Hezbollah tire plus de 200 roquettes pour la journée. L'une d'elles atteint Hadera, à 40 kilomètres au nord de Tel-Aviv, et donc bien au-delà de Haifa vers le sud. Une autre, d'un calibre nettement moindre, tombe dans notre position 5-10 à proximité du dépôt de munitions, heureusement épargné. C'est le poste de garde qui est touché. Trois occupants sont blessés et traités sur place. Il s'agit de la position du Bataillon chinois, CHINBATT, et comme un fait exprès, la roquette tirée par le Hezbollah est de fabrication chinoise. Les spécialistes du bataillon parviennent à l'identifier sans mal et peuvent méditer sur la parabole de l'arroseur arrosé.

Un convoi logistique qui tente de se frayer un chemin vers le bataillon indien, excentré à l'est et très difficile à ravitailler, essuie 2 tirs de missile à El Addaisseh. Israélien ou hezbollah ? Quoi qu'il en soit, le ou les tireurs n'étaient pas bons, pour le plus grand bonheur de nos Bérets bleus.

À Naqoura, le village qui jouxte notre quartier général est bombardé. Un immeuble s'effondre et nous en retirons 3 morts et 1 blessé. Ce dernier est soigné à notre hôpital, avec tout le dévouement de nos praticiens indiens, avant d'être évacué sur Tyr.

En fin de soirée, les Israéliens entrouvrent le portail de Rosh Haniqra et nous remettent 2 Libanais et 1 Soudanais muni d'une carte de travail libanaise. Nous les hébergeons chez nous et profiterons de la première accalmie pour les confier aux autorités locales.

7 août – Timide ouverture libanaise

Tout au long de la ligne de confrontation les Israéliens peinent pour progresser en direction du Litani mais ils multiplient les bombardements sur le reste du pays et poussent ainsi les autorités libanaises à rechercher plus activement une issue rapide à la crise. Il n'est pas question pour celles-ci d'endosser la responsabilité du déclenchement du conflit. Elles continuent plutôt à se poser en victimes tout en esquissant des initiatives allant dans le sens de l'apaisement. Mais bien sûr elles les accompagnent de requêtes inacceptables pour Israël, comme en premier lieu une évacuation immédiate du sol libanais. Au Sérail[1], à Beyrouth, le Premier ministre, M. Fouad Siniora, émeut les ministres des Affaires étrangères de la Ligue arabe par un discours qu'il termine les larmes aux yeux. Il réitère le plan en sept points qu'il avait présenté à la conférence de Rome comme un préalable à l'acceptation d'un accord mettant fin au conflit. Et il précise même que le gouvernement libanais est prêt à déployer 15 000 hommes au sud du Litani dès le retrait israélien. Ce qu'Ehud Olmert considère comme « un pas intéressant ». En effet, c'est là un signe certain de bonne volonté, mais qui ne peut pas être décisif car tout le monde se souvient de la manière dont la même région a été abandonnée à la seule domination du Hezbollah après le départ des Israéliens en mai 2000. Faut-il croire à cette nouvelle promesse de déploiement de l'Armée libanaise ? À son crédit, on note que le haut commandement libanais, cette fois, rappelle ses réservistes.

Dans la partie du Liban occupée par Israël nous observons de nombreuses allées et venues entre la ligne de front et la Ligne bleue. Ce sont des relèves d'unités au contact destinées à pouvoir relancer les mouvements vers l'avant avec des troupes fraîches. Fraîches certes, mais qui paraissent parfois bien maladroites. Soldats de métier et réservistes sont bien loin des opérations de contrôle de foules et de localités dans les territoires palestiniens auxquelles ils sont assujettis depuis de trop nombreuses années. Ils semblent en avoir oublié les mécanismes du combat classique sur le champ de bataille, que ce soit pour le fantassin ou l'équi-

1. Siège du gouvernement.

page de char. Même l'appui apporté par l'aviation manque d'efficacité, la coordination entre air et sol laisse à désirer et rares sont les frappes qui profitent directement à ceux qui sont bloqués à terre par un tir ennemi. Les pilotes restent cependant vigilants puisqu'ils auraient réussi à abattre un drone de fabrication iranienne Mirsad 1, lancé par le Hezbollah. Ce n'est pour moi qu'une demi-surprise et je considère la chose comme fort probable. Déjà, à plusieurs reprises, le Parti de Dieu a utilisé de tels avions sans pilote, avec très certainement l'assistance de spécialistes mis en place par Téhéran.

Mays al Jabal est maintenant totalement sous contrôle israélien. La résistance hezbollah a été vive à partir des positions qu'il occupait dans l'hôpital. Après nous en avoir avertis, Tsahal a réduit cette position qui aurait normalement dû être épargnée par les uns et les autres en raison de son statut humanitaire. Avec cette nouvelle conquête les Israéliens tiennent maintenant une bande de deux à trois kilomètres de large en terre libanaise, tout au long du côté ouest du doigt de gant de Metulla. Hula, situé au centre de cette zone, connaît de durs affrontements. Soumis à d'intenses bombardements, les habitants fuient leurs maisons et s'agglutinent dans un grand chantier d'immeubles inachevés où ils demandent notre protection. Le Bataillon indien transforme alors les lieux en « safe area », placés sous l'autorité de l'ONU et dont les coordonnées sont communiquées à tous. Il y a là 175 personnes démunies de tout et pour une durée qui reste imprévisible. Le bataillon y envoie un élément armé et une équipe médicale qui évacue 5 blessés sur le poste 8-31. Ils y reçoivent les premiers soins et restent en observation en attendant de pouvoir être récupérés par la Croix-Rouge libanaise.

Après les dégâts causés par une roquette hezbollah le jour précédent, le poste 5-10 du CHINBATT doit maintenant lutter conte l'assaut des flammes. Cette fois-ci ce sont des tirs israéliens qui provoquent d'importants incendies de broussailles. La zone du dépôt de munitions est de nouveau menacée. Ce n'est pas avec l'eau qui reste pour les hommes que les flammes vont pouvoir être éteintes. Nos sapeurs chinois en viennent à bout à coup de pelles et de lames de bulldozer, évitant ainsi tout dommage supplémentaire à la position. Ils ont tout de même eu chaud ! Si chaud que leur ambassade à Beyrouth s'en inquiète et me demande de retirer au plus vite toutes les munitions stockées dans le poste pour les mettre ailleurs. Ailleurs, mais où ? Leur position actuelle, une poudrière, est protégée par des merlons. Elles sont dans des magasins bétonnés et pourvus de sacs remplis de terre. Il est même douteux qu'un coup direct puisse provoquer une explosion. Si je les déménage, il faudrait les disposer en pleine nature où rien n'est prévu pour les protéger, et néanmoins les faire garder. Je tente d'expliquer tout cela posément à mon correspondant qui ne veut pas en démordre. Pour briser là, je lui affirme que nous garderons les munitions là où elles sont, à moins qu'il ne me propose un emplacement ad hoc ! J'attends toujours.

Nous restons totalement isolés dans notre zone d'opérations et n'avons reçu aucun ravitaillement depuis longtemps. Même les évacuations sanitaires restent très problématiques. Nous avons un petit espoir lorsque le Quartier général, à New York, m'annonce qu'un hélicoptère MI 8 affrété à une compagnie russe est en cours de mise en place à Chypre. Cet appareil a une bonne capacité d'emport, jusqu'à 32 passagers, et possède 2 turbines, condition essentielle pour voler au-dessus de la mer. Les 4 Agusta Bell 205 d'ITALAIR n'ont pas ces capacités : une seule turbine et pas plus de 11 passagers. À la grande rigueur l'un de ces appareils pourrait aller jusqu'à Chypre, mais à la condition d'être accompagné par un second en mesure de lui porter secours en cas d'incident. Puisque les Israéliens sont *de facto* les maîtres de l'espace aérien dans la région nous tentons de négocier avec eux un couloir où nous aurions liberté de vol entre Naqoura et Lanarca : refus catégorique. Priorité permanente est donnée à leurs opérations aériennes. D'autant qu'ils viennent d'instaurer unilatéralement un couvre-feu après 22 heures tous les soirs, au sud du Litani, et qu'ils sont bien décidés à faire tirer leurs avions et hélicoptères sur tout véhicule qui se déplace de nuit.

La tension du moment n'empêche pas le respect des traditions et la journée se termine par une courte cérémonie dans la salle de réunion qui jouxte mon bureau. Les Français qui font partie de mon cabinet et ceux qui assurent ma protection peuvent se voir maintenant décorés de la médaille de la Force car ils viennent de passer le cap des 90 jours de présence. Dans ces conditions particulières je la leur remets d'autant plus volontiers. Je prononce la phrase rituelle, accroche la médaille sur les vestes de treillis et les regards remplacent aisément les commentaires ampoulés. La crise nous a tous rapprochés. Ils savent. Nous ne terminons pas au champagne mais avec un verre de vin libanais. La bouteille avait été conservée pour la circonstance. Puis chacun reprend sa tâche, la guerre continue.

8 août – Objectifs Bint Jubayl et Marjayoun

Les unités de renfort israéliennes sont maintenant opérationnelles et massées au plus près de la Ligne bleue. C'est le moment pour Tsahal de tenter de reprendre son mouvement vers l'avant alors que le Chef d'état-major adjoint, le général Moshe Kaplinski, est dépêché auprès du Commandement nord comme représentant personnel du Chef d'état-major des armées. Cette mesure est présentée comme un soutien apporté au général Udi Adam, qui a maintenant à commander le volume de plusieurs divisions. Mais en réalité, Tel-Aviv n'est pas satisfait de la manière dont les opérations ont été conduites jusqu'à présent, et veut y remédier sans pour autant relever le responsable.

Depuis Marun ar Ras fantassins et blindés de la 609e Brigade réinvestissent Bint Jubayl où l'opposition semble moins vive qu'elle ne l'avait été auparavant. La progression s'y fait néanmoins avec une extrême prudence. Les lisières nord de l'agglomération sont atteintes mais pas dépassées. Evénement exceptionnel : plusieurs combattants du hezbollah sont faits prisonniers par les assaillants. En territoire israélien, dans la région de Qiryat Shemona et Metulla, nous observons une forte concentration de moyens : une centaine de blindés, chars et transports de troupe, deux à trois cent soldats, tous prêts à faire mouvement vers le nord. La Ligne bleue y a été franchie, ainsi que l'ancien oléoduc transarabique, le Tapline, et les premiers chars Merkava sont déployés dans la plaine qui mène à Marjayoun. Ils sont à hauteur de l'ancien terrain d'aviation que les Britanniques avaient construit durant la seconde guerre mondiale et dont on devine encore pistes et parkings. Afin de les couvrir face aux positions hezbollah de Khiam, une unité dépasse la cimenterie de Sarda et s'établit dans le village. Dans les autres secteurs du front il n'y a pas de progrès notoires. Les Israéliens cherchent aussi à affaiblir les positions hezbollah établies plus loin dans la profondeur, dont les tirs gênent leur progression. La région d'At Tiri et ses thalwegs abritent toujours des emplacements de batterie pour roquettes. Obus et bombes ont du mal à les faire taire et n'épargnent pas notre position 6-44 qui essuie 2 tirs de char et 2 tirs d'artillerie : 3 impacts dans le béton du blockhaus mais pas de victimes, contrairement au 28 juillet où la position avait eu 4 blessés.

Nous dénombrons 140 tirs de roquettes hezbollah pour la journée, mais le plus surprenant est que certains proviennent d'emplacements que Tsahal a dépassés. Entre Naqoura et la Ligne bleue, par exemple, dans une zone maintenant israélienne, les positions du Hezbollah ont été la cible des bombes des avions, parfois des équipes de sapeurs en ont aussi détruites, mais la nuit venue, certaines reprennent vie et font feu en direction du sud. Dès la tombée du jour les Israéliens ont tendance à se regrouper, à adopter des dispositifs moins dilués, et les miliciens en profitent pour réoccuper des lieux qu'ils connaissent parfaitement. Les caches sont nombreuses, parfois piégées, discrètes et d'un agencement complexe, bien pourvues en munitions dont la mise en œuvre ne nécessite pas de moyens sophistiqués. Tout juste une rampe à diriger en direction de l'ennemi. Ces tirs, outre les dégâts matériels qu'ils causent, sont particulièrement démoralisants pour les troupes occupantes qui voient les trajectoires de ces munitions illuminer le ciel dans leur dos, en direction de leurs compatriotes.

Les Israéliens confirment le couvre-feu qu'ils entendent instaurer en larguant des tracts sur Tyr. Leurs prétentions vont même plus loin que ce qu'ils affichaient la veille : tout mouvement de véhicule vers le sud est désormais considéré comme suspect, et donc susceptible d'être l'objet d'un tir, même de jour. Ils nous font cependant discrètement savoir que les véhicules de la Croix-Rouge ne sont pas concernés. Ils ne veulent pas le dire ouvertement de crainte que le Hezbollah utilise les ambulances à d'autres fins que celles prévues par la Convention de Genève. Courageusement la Croix-Rouge libanaise fait de son mieux pour venir en aide aux populations. Mais ses moyens sont extrêmement faibles. Elle parvient cependant à prendre en compte les 5 blessés hébergés depuis la veille au poste 8-31. Par contre elle ne peut rien pour les réfugiés de Hula toujours soutenus par INDBATT. La FINUL reste seule dans ce combat pour la sauvegarde des civils car les nouvelles mesures de vigilance instaurées par Israël dissuadent les ONG de se déplacer dans la zone d'opérations. Pour éviter des pertes elles restent cantonnées dans la région de Tyr en espérant des jours meilleurs. De nôtre côté, tout déplacement reste problématique et le Bataillon indien vient juste de rendre compte qu'il ne lui reste plus que vingt-quatre heures de carburant.

9 août – S'emparer du maximum de gages avant la fin

La communauté internationale poursuit ses efforts pour s'accorder sur le texte d'une résolution acceptable par l'ensemble des parties et leurs alliés. Les progrès sont lents mais sensibles. Alors, chacun cherche à tirer le meilleur parti du temps qui reste avant de devoir faire taire ses armes. Les autorités israéliennes donnent toute licence aux militaires pour étendre au mieux leur occupation du terrain libanais. Pour l'instant, ce feu vert se traduit relativement peu dans les faits. La ligne des contacts reste stable malgré des échanges de tirs soutenus. Aux lisières sud d'Ayta ash Sha'b, qui résiste toujours, un char Merkava de la 847e Brigade est en flammes. Son équipage parvient à s'en extirper mais tous sont blessés, et certains brûlés. Cet incident n'est pas le seul, et d'autres blindés du même type seront détruits ou sérieusement endommagés. Le Hezbollah est doté de missiles antichars performants, dont certains très récents comme l'AT-14 Kornet-E, de fabrication russe. Ses succès entament gravement le mythe de l'invincibilité du char israélien. Les combattants du Parti de Dieu n'utilisent pas ces munitions spécifiques uniquement contre les blindés, mais ils s'en servent aussi contre les bâtiments où leurs ennemis cherchent à se protéger. Dans la nuit du 9 au 10 ils repèrent à Dibil un regroupement de soldats israéliens dans un immeuble du village. L'édifice est aussitôt atteint par plusieurs missiles qui font une quarantaine de tués et de blessés en quelques minutes. La plaine au nord de Metulla a aussi ses épaves de blindés alors que les unités israéliennes parviennent aux lisières sud de Marjayoun. Dans la foulée, elles atteignent Dibbine et s'ouvrent ainsi la route permettant de rejoindre le débouché sud de la plaine de la Bekaa. Par contre, elles n'entrent pas dans Khiam qui a été entièrement rasé par les bombardements. Le fort n'y est plus maintenant qu'une vaste étendue de gravats.

Le matin, les murs du poste 9-66, qui se trouve immédiatement à l'est de l'axe de progression israélien, sont criblés d'éclats par six obus de mortier qui tombent à moins de 10 mètres. Puis, dans l'après-midi, ce sont 4 autres obus du même type qui font cette fois-ci mouche. Un véhicule léger est détruit ainsi que la soute à carburant et le groupe électrogène, impossible à réparer. Si le courant électrique n'est pas rétabli rapidement les communications radio cesseront d'ici un à deux jours. Le Bataillon indien doit absolument remplacer le matériel détruit sous peine de devoir évacuer la position. Il n'est pas question de laisser ces soldats isolés, sans aucun moyen pour le commandement d'être renseigné à leur sujet. C'est d'ailleurs la majeure partie d'INDBATT qui est en situation précaire. L'unité commence à être à court de carburant et d'eau et le chef du DOMP, Jean-Marie Guéhenno (France), me donne depuis New York l'autorisation d'abandonner les positions jugées intenables. Je demande au commandant du bataillon, le colonel Subhash Panwar, de préparer un redéploiement de son dispositif et d'envisager l'abandon des postes où il s'avère impossible de rester plus longtemps. Il vaut mieux ne pas être surpris en cas d'extrême nécessité, mais je sais bien que nos Sikhs au turban bleu et leurs cadres ne sont pas prêts d'abdiquer face à la pression israélienne. J'ai une totale confiance en ces soldats qui sur d'autres théâtres d'opérations, comme la frontière pakistanaise, démontrent chaque jour l'excellence de leur professionnalisme. La fin des hostilités n'est pas encore là, mais nous avons conscience qu'elle approche, et ce n'est pas le moment de flancher.

9-66 a donc été sérieusement touché par des munitions israéliennes. À l'annonce de l'arrivée de deux roquettes dans l'enceinte du poste 6-5, à Tibnin, un esprit mal tourné pourrait prétendre que le Hezbollah ne veut pas être en reste. Car celles-ci sont bien un cadeau du Hezbollah. Deux bâtiments sont endommagés et le bureau du capitaine commandant l'unité de maintenance polonaise est totalement dévasté. Heureusement, aucune victime. Ce qui n'empêche pas une nouvelle intervention extérieure, un peu similaire à celle de l'ambassade chinoise d'avant-hier, pour faire vider les lieux à l'ensemble de l'unité et la rapatrier sur Naqoura où se trouve le restant du contingent polonais. J'explique au solliciteur qu'aucun endroit dans la zone d'opérations n'est plus sûr qu'un autre et qu'il n'y a aucune raison pour que je fasse procéder à un tel mouvement. Et puis, il est hors de question de fermer une position au moindre incident, aussi grave fut-il. Les occupants sont en mesure de se protéger et ils doivent, de toute façon, remplir leur mission. Dès le lendemain un tir de roquette, hezbollah lui aussi, sur Naqoura viendra confirmer le bien-fondé de ma réponse : la munition explose en plein milieu du cantonnement du Bataillon logistique polonais, là-même où POLLOG aurait du accueillir ses compatriotes si j'avais cédé ! Une sentinelle française y est blessée par des éclats.

Le gouvernement libanais sent bien que son adversaire veut s'approcher au plus près du Litani avant l'échéance. Il espère que le Hezbollah pourra continuer à s'opposer à sa progression, mais il ne veut pas tomber dans le piège qui consisterait à engager des unités de l'armée libanaise aux côtés des miliciens. Ce serait donner un trop beau prétexte à Israël pour durcir et même étendre ses opérations bien au-delà du Liban-sud. Il veut cependant montrer qu'il est ouvert à toute solution pour mettre fin à ce conflit dont le pays souffre de plus en plus. Le général de brigade Khoury, chef du Bureau renseignement de l'Armée libanaise, m'appelle. Il me propose la mise sur pied d'une cellule de coordination afin de faciliter la mise en place de ses unités dès que Tsahal se retirera. Voilà au moins un signe de bonne volonté qu'il faut encourager et je demande à mon représentant à Beyrouth de collaborer à ce projet au nom de la FINUL.

Ces contacts me donnent l'impression qu'une nouvelle dynamique vient de se mettre en marche avec l'espoir, certes encore diffus, d'une fin possible des hostilités. Les civils, sur le terrain, ne peuvent avoir cette vision et ils subissent sans avoir la moindre idée de leur avenir. La Croix-Rouge libanaise parvient à évacuer 287 personnes de Hula et Mays aj Jabal vers Marjayoun, où ils arrivent presque en même temps que les Israéliens. Ces départs ne vident pas pour autant notre « safe area » à Hula, où nous continuons à nous occuper tant bien que mal de ceux qui y sont rassemblés maintenant depuis 2 jours.

À Rmaich, plusieurs milliers de personne manquent d'eau. Le forage ne fonctionne plus faute de carburant pour sa pompe. Nous parvenons à en fournir un peu, bien que ce soit avec une extrême parcimonie. Ce sera autant qui pourrait nous faire défaut dans un avenir très proche.

10 août – Marjayoun occupé

Alors que les tractations entre la France et les États-Unis continuent pour aboutir à un projet de résolution commun, les Israéliens s'efforcent de nettoyer la partie du territoire libanais qu'ils occupent au nord de la Ligne bleue. Ils n'y sont nulle part en sûreté. Ils sont harcelés par de petits éléments du Hezbollah très mobiles et doivent se garder en permanence. Ils ont beau s'appliquer à détruire et raser à coups de bulldozer les positions dépassées, ils ne sont jamais sûrs de ce qu'ils laissent sur leurs arrières.

Le seul gain de terrain vraiment notable de la journée a lieu à Marjayoun. L'occupation de cette importante agglomération, à majorité chrétienne et dont le cimetière abrite la tombe du commandant Saad Haddad, cet officier libanais fondateur de l'Armée du Liban Libre, devenue par la suite l'Armée du Liban-sud[1], doit permettre à Tsahal d'atteindre le Litani au plus court tout en contournant les localités chiites. Mais cette conquête ne se fait pas sans mal pour la 366e Division. Sur les 21 chars Merkava qui tentent d'investir la ville, le Hezbollah, aidé par des miliciens du Parti social national syrien (PSNS), en détruit 7 dans une embuscade qu'il leur tend à l'entrée de la ville. 4 autres sont atteints alors qu'ils se replient. Dans la soirée, c'est finalement l'infanterie qui vient à bout de la résistance des éléments armés. Elle finit par occuper aussi la caserne, qu'elle connaît certainement bien puisque ce fut pendant 15 ans le quartier général des forces israéliennes quand elles étaient au Liban-sud. En 2000, après leur départ, elle est devenue le siège de la JSF. 350 des membres qui la composent, parmi lesquels leur chef, le général Adnan Dahoud, s'y trouvent encore lorsque les Israéliens font irruption. En accord avec leur hiérarchie, ces militaires libanais n'ont aucune velléité de résistance et Tsahal se montre disposé à leur laisser quitter leur cantonnement. À condition qu'ils y laissent leurs armes et se soumettent à la vérification de leur identité pour qu'aucun membre du Hezbollah ne puisse profiter de l'aubaine. Le Bataillon indien envoie immédiatement un détachement blindé pour faciliter les négociations, tandis que le Premier ministre libanais nous demande d'organiser l'évacuation sur Beyrouth des personnels libérés.

La pénurie stimule les initiatives : le commandant d'INDBATT rend compte qu'il a réussi à récupérer 3 000 litres de carburant dans des stations d'essence de sa zone. De quoi tenir encore un peu plus longtemps mais pas forcément pour tout le monde. Ses positions au plus près de la Ligne bleue sont totalement isolées, derrière les unités israéliennes, et il est pour l'instant impossible de les ravitailler.

1. Voir *infra*.

11 août – Une nouvelle résolution pour la FINUL

Tout en déplorant officiellement l'absence de progrès dans les discussions menées aux Nations unies pour l'établissement d'une trêve, le Premier ministre israélien ordonne à Tsahal de redoubler d'efforts pour atteindre le Litani. Le prétexte invoqué est pour le moins discutable car Ehud Olmert est conscient que l'échéance est maintenant proche. Il est bien décidé à s'emparer du maximum de gages avant d'être obligé de cesser toute action sur le terrain.

Dans la partie occidentale de leur dispositif les Israéliens se bornent à consolider leurs positions. À Al Bayyadah en particulier, le Hezbollah est soumis à une telle pression que ses combattants, harcelés, ne font plus de différence entre véhicules de combat peints en kaki ou en blanc. C'est ainsi qu'un de nos SISU en déplacement sur la route côtière essuie leurs tirs. Il s'en sort avec un pneu crevé et une vingtaine d'impacts sur le blindage.

Au centre et à l'est, les gains de terrain israéliens sont plus notables. Bint Jubayl, qui n'est plus qu'un amas de ruines, est maintenant dépassé et la poussée en direction de Tibnin atteint l'arc de cercle At Tiri – Bayt Yahun – Kunin tandis qu'Ayta Ash Sha'b ne tombe toujours pas. Des tirs d'artillerie dans la profondeur montrent que les assaillants ne veulent pas en rester là. Pourtant le Litani est encore loin.

Les unités de la 162e Division qui ont débouché de Markaba et d'At Tayyabah convergent vers Al Qantarah qu'il leur faut dépasser vers l'ouest. Elles veulent donner la main aux hommes de la Brigade Nahal héliportés dans l'après-midi plus en avant, dans la région de Gandourieh. Cette opération d'aérotransport est la plus importante jamais conduite depuis la guerre du Kippour, en 1973.

À Marjayoun, nous organisons l'évacuation des personnels de la JSF, gendarmes et FSI libanais, sans armes. Un convoi de 150 véhicules se forme à la sortie est de la localité et commence sa progression, sous notre escorte, en direction d'Hasbaya, vers le débouché sud de la Bekaa. Très vite, une coupure due aux bombardements aériens l'arrête. Aucun contournement n'est possible à cet endroit où la route serpente à flanc de colline. Il faut avoir recours à des engins de terrassement pour combler l'entonnoir avant de songer à repartir. Entre-temps, plus de 300 véhicules civils rejoignent la colonne. Au crépuscule ce sont environ 500 voitures qui redémarrent. Nous avons pu établir la liaison avec le Commandement nord israélien pour l'informer du volume et de la nature de ce mouvement, et nous avons également négocié avec lui un itinéraire protégé jusqu'à Beyrouth ainsi qu'un créneau horaire pour se déplacer librement. Malgré ces précautions, en pleine nuit, aux environs de Kefraya, renommé jusqu'alors pour ses vins, un drone israélien tire ses missiles sur le convoi et y fait 7 morts et 36 blessés, dont une grande majorité de civils. À nouveau contactés, les Israéliens ne peuvent donner aucune explication à ce qu'ils qualifient curieusement d'erreur et nous renégocions avec eux une nouvelle tranche horaire pour que le convoi reprenne sa progression jusqu'à Beyrouth, en maintenant le trajet initial. Les rescapés finiront par arriver, épuisés, après une vingtaine d'heures de voyage.

Plus à l'est encore, Khiam a été littéralement rasé et Tsahal n'y pénètre pas. Les ruines sont d'ailleurs autant d'obstacles à sa progression. Il lui est plus aisé d'utiliser les axes cheminant de part et d'autre de la localité vers le nord. Arrivés à proximité d'El Meri, les Israéliens détruisent un important dépôt de munitions que le Hezbollah a été obligé d'abandonner. Ceci ne l'empêche cependant pas de poursuivre ses tirs de roquettes. Nous en dénombrons plus de 200 pour cette seule journée.

Malgré la violence des affrontements nous nous efforçons de poursuivre notre soutien aux populations. Haris a été la cible des canons israéliens. Les destructions sont importantes et nous récupérons 9 blessés que nous amenons à l'hôpital de Tibnin. Nous convoyons également une soixantaine de villageois qui n'ont plus de toit et viennent chercher refuge auprès de la municipalité. À Al Duhayrah nous secourons 3 autres blessés qui sont opérés sans attendre par nos chirurgiens indiens de Naqoura avant d'être confiés à l'hôpital municipal Tyr.

Notre aide se fait de plus en plus précaire faute de moyens. C'est particulièrement vrai pour le Bataillon indien, le plus éloigné de ce qui nous reste de ressources logistiques entreposées à Naqoura. Impossible de faire passer quoi que ce soit d'ouest en est : trop de routes coupées, et en plus il faudrait croiser les axes de progression des Israéliens. Nous souffrons surtout du manque d'eau potable et il devient plus qu'urgent de ravitailler les postes. Il ne nous reste qu'une seule possibilité : si nous ne pouvons pas nous déplacer au nord de la Ligne bleue, essayer de le faire au sud. Et nous parvenons à obtenir des Israéliens qu'ils nous laissent utiliser leur réseau routier. Vite constitué, le convoi de ravitaillement entre en Israël par le passage de Rosh Anikra, rejoint Qiryat Shemona puis rentre à nouveau au Liban par Metulla. Au hasard des accalmies il parvient enfin au PC d'INDBATT, à Ibil as Saqy. Mais la tâche ne s'arrête pas là car il faut maintenant distribuer vivres et eau aux différents postes du bataillon. Certains, en zones relativement calmes, sont rapidement servis, d'autres devront attendre encore plus d'une journée pour être enfin partiellement approvisionnés.

Aussi préoccupant soit-il, notre quotidien sur le terrain ne retient pas, ce soir-là, la totalité de mon attention. Il y a bien plus important : New

York m'informe que le Conseil de sécurité a adopté à l'unanimité une résolution qui vise à mettre fin au conflit en cours. Elle porte le numéro 1701 et donne à la FINUL un nouveau mandat et de nouveaux moyens. Je lis bien : la FINUL continue d'exister, mais elle va évoluer. Nos efforts pour rester n'auront pas été vains, le Drapeau bleu va continuer à flotter au Liban-sud. Nous en éprouvons tous une très grande satisfaction, et ne pouvons encore imaginer qu'un jour certains politiques, voire des militaires, pourront nous le reprocher.

Tout ne s'achève pas pour autant, loin de là. Les hostilités continuent et ne devraient cesser que le 14 août au matin, à condition qu'Israël et le Liban acceptent les propositions du Secrétaire général concernant un cessez-le-feu. Il importe de ne pas se réjouir trop vite et de continuer à œuvrer tel que nous le faisons depuis le 12 juillet. J'en ai d'ailleurs la confirmation par le DOMP : il s'agit de poursuivre l'observation, les médiations si nécessaire, et l'aide humanitaire, mais sans prendre de risques irraisonnés. Je suis d'ailleurs bien conscient qu'en cas de nouvelles pertes humaines dans les rangs de la FINUL les pays contributeurs ne me le pardonneraient pas. Sur le terrain demain sera donc comme aujourd'hui. À l'état-major, cependant, il en sera autrement : il va falloir cumuler la gestion du quotidien et l'étude, sans délais, de notre nouveau mandat pour en déduire les missions qui nous sont demandées et faire le bilan des moyens nécessaires pour s'en acquitter. Encore quelques nuits très courtes en perspective !

12 août – Pas de répit sur le terrain

Tandis que le gouvernement libanais adopte la résolution 1701 à l'unanimité, Hassan Nasrallah s'engage à « respecter toute cessation des hostilités » à venir. Tsahal continue pour sa part ses actions qu'il veut offensives, mais avec des succès très mitigés. Les échanges de tirs se poursuivent un peu partout sans réels gains de terrain, sauf au sud de Tibnin où la région d'At Tiri – Bayt Yahun – Kunin est atteinte et ces trois villages en cours de nettoyage. Durant cette opération la position ghanéenne 6-44 reçoit 7 obus qui détruisent plusieurs bâtiments préfabriqués et surtout le réservoir d'eau. Sa voisine au nord, 6-41, est victime pour sa part de 2 tirs qui ne font que des dégâts mineurs.

Chars Merkava et bulldozers blindés israéliens de la 401e Brigade sont à Al Qantarah et tentent de rejoindre les éléments héliportés la veille sur la ligne de crêtes allant de Burj Qallawiyah à Frun en passant par Ghanduriyah. Les hommes de la Brigade Nahal dominent maintenant le Litani mais ont besoin du soutien des blindés pour pouvoir continuer à avancer. Ces derniers doivent obligatoirement s'engager dans un fond de thalweg, le wadi Saluki, qui va leur être fatal. Le Hezbollah en tient les hauteurs où il a disposé de nombreux postes de tir antichars. Patient, il attend que l'adversaire soit bien engagé dans le piège avant d'ouvrir le feu. Les Israéliens essuient des pertes sévères, peut-être les plus importantes en un seul endroit et en si peu de temps depuis le début du conflit. Au moins une vingtaine d'engins détruits ou endommagés, 7 morts et environ 60 blessés. Au milieu de ces échanges, 2 obus de mortier hezbollah tombent dans le poste 9-10, de la Réserve mobile de la Force (FMR), et font voler en éclats plusieurs bungalows et le château d'eau. Par ailleurs, un de leurs missiles sol-air abat un hélicoptère CH-53 israélien qui évacuait plusieurs blessés vers la Galilée. Il s'écrase sur la colline d'Al Maryamin, au sud-ouest de Yatar, entrainant la mort de 5 de ses passagers. Pour l'heure, Tsahal et l'opinion publique israélienne sont sous le choc des images diffusées par Al Manar, la télévision du Hezbollah, qui continue à émettre malgré la destruction de toutes ses infrastructures connues !

Si la suprématie israélienne est contestée au sol, ce n'est bien sûr pas le cas à haute altitude où les appareils frappés de l'étoile de David multiplient les sorties. Ils s'en prennent à nouveau à Khiam, où il n'y a pourtant plus grand-chose à détruite et à Tibnin où plusieurs villas sont la cible de tirs de missiles. Qu'avaient-ils à reprocher à leurs propriétaires ? Appartenance ou soutien au Parti de Dieu, emplacement de batterie inopiné pour le tir de quelques roquettes ? Située dans la localité, la position 6-5 de la compagnie de maintenance polonaise reçoit 3 obus. 6-40, plus à l'ouest, est touché 2 fois et déplore 1 blessé. À Saida les installations électriques sont détruites, ce qui prive de courant tout le Liban-sud. Et puis les largages de sous-munitions commencent à se multiplier sur l'ensemble de la zone d'opérations. Il faut souligner qu'il n'y a pas de justification tactique à l'emploi de ces armes. Elles ne visent pas des objectifs militaires mais des abords de villages et surtout des champs cultivés. En particulier les oliveraies où la récolte devrait normalement débuter en septembre. Les propriétaires ne pourront plus y pénétrer qu'au risque de leur vie. Il apparaît clairement qu'Israël cherche à châtier le Liban dans son ensemble pour avoir laissé les mains libres au Hezbollah. Cet acharnement délibéré est patent : les avions ne sont pas les seuls à répandre ces engins de mort. L'artillerie y prend également part.

Nous transportons une fillette de Rmaich blessée à notre hôpital de campagne de Naqoura où elle est opérée et hébergée jusqu'à ce que nous puissions l'amener à Tyr. Par contre, un blessé du GHANBATT inquiète les médecins qui craignent de ne pas pouvoir le traiter correctement avec les seuls moyens dont ils disposent. Il est urgent de le transporter vers une infrastructure médicale plus élaborée. Un hélicoptère MI 8 est maintenant à notre disposition à Chypre. Nous obtenons des Israéliens le feu vert pour procéder à l'évacuation. Et nous inaugurons ainsi une liaison Naqoura-Larnaca qui va devenir quasi quotidienne.

Ce même jour nous avons aussi la visite du *Siroco* dont le commandant vient faire étudier par son état-major les opérations futures : mise à terre de personnels, de matériels et d'approvisionnements. Le bâtiment reste prudemment au large et les officiers rallient le camp par hélicoptère. Une cessation des hostilités pourrait prendre effet à partir du lundi 14 août et la France veut être la première à mettre à terre des renforts. Comme elle a annoncé son intention de doubler ses effectifs à la FINUL, elle envisage de faire débarquer 200 hommes qui s'ajouteront au 197 actuellement en place. Il s'agirait de fantassins et de sapeurs.

Finalement me voici comblé pour le jour de mon soixantième anniversaire : une visite des Français, un premier vol entre Chypre et le Liban, et hier une nouvelle résolution pour la Force. Nous parvenons à trouver un fond de whisky pour fêter l'événement.

13 août – Personne ne désempare

Après le Liban c'est maintenant Israël qui approuve la résolution 1701. Les deux parties acceptent aussi l'accord sur la cessation des hostilités proposé par le Secrétaire général. Il entrera en vigueur le 14 août à 8 heures locales. Tel-Aviv précise bien que Tsahal stoppera ses actions offensives mais se réserve le droit de se défendre en cas d'agression. Toujours soucieux de récupérer au plus vite ses deux soldats kidnappés il propose aussi de procéder sans délai à un échange de prisonniers. Par contre, à ce stade il n'est nullement question pour lui d'évoquer une quelconque évacuation du sol libanais occupé. Il réclame cependant que soit effectués au plus vite le déploiement de l'Armée libanaise et le démantèlement de l'organisation militaire du Hezbollah. Le sujet sera très certainement abordé dès demain, de manière encore informelle, puisque le général israélien Udi Dekel me fait savoir qu'il souhaite me rencontrer à 12 heures au point de passage de Rosh Haniqra.

En attendant, les belligérants jettent leurs dernières forces dans la bataille. Bombes, obus et roquettes s'abattent en quantité comme aux pires moments du conflit. Les sous-munitions israéliennes, en totale violation des conventions de Genève, continuent à être larguées et augmentent d'autant la pollution mortelle des champs et villages du Liban-sud. De son côté, le Hezbollah tire au moins 175 roquettes sur la Galilée. Au sol, les dispositifs des uns et des autres n'évoluent guère à l'exception de la ligne At Tiri – Bayt Yahun – Kunin, maintenant dépassée Les unités israéliennes se rapprochent de Tibnin, sans toutefois y pénétrer.

14 août – Cessation des hostilités

L'ultime nuit du conflit est semblable à la journée qui vient de s'écouler. Sur le terrain tout le monde rentre la tête tandis que, de part et d'autre, le rythme des tirs ne faiblit pas. Et il en est ainsi jusqu'aux dernières minutes qui précédent 8 heures du matin, l'échéance fixée par les Nations unies pour l'entrée en vigueur de la cessation des hostilités. Cette « cessation des hostilités » n'est pas un cessez-le-feu qui consisterait en un agrément plus formel et accompagné de garanties. Pour le moment les parties en cause acceptent uniquement d'arrêter toute action offensive, tout renforcement. Elles se bornent à rester sur place, là où l'heure convenue les a trouvées. Néanmoins elles ont tout loisir de se retirer, d'évacuer partiellement les zones occupées, soit au sud de la Ligne bleue pour Israël, soit au nord du Litani pour le Hezbollah.

À l'heure agréée, et très attendue, les comptes-rendus des différents postes convergent vers Naqoura. Ils rapportent tous que le calme s'est établi sur la totalité de la zone d'opérations. Les bruits qui ont accompagné ces 34 jours de conflit et qui nous étaient devenus familiers ont brusquement cessé. Claquements de départ et chuintements des missiles, explosions lourdes des obus, tirs secs des chars, staccato des mitrailleuses, sifflements des avions à réaction laissent place à un silence vite rompu par le retour des activités du quotidien. Seules, çà et là, des colonnes de fumée noire témoignent encore de la dureté des derniers affrontements. Et puis, aussi, cette odeur propre aux zones de combat, lourde et persistante : un mélange indéfinissable d'effluves de caoutchouc et de carburant brûlés, de senteurs d'explosifs mal dissipées, de détritus voire de chairs corrompues.

Dans la nuit nous avons préparé les ordres aux différentes unités de la Force et nous commençons nos patrouilles dès 8 heures. Tout d'abord pour signifier clairement que les Nations unies reprennent l'initiative dans leur zone d'opérations mais aussi pour éviter tout incident entre les parties qui pourrait entrainer une nouvelle escalade. Nous croisons aussi bien des éléments du Hezbollah immédiatement au sud du Litani, mais qui commencent à se retirer vers le nord, que des unités israéliennes dans le reste du terrain entre Litani et Ligne bleue puisque Tsahal en occupe les deux tiers. Nous profitons aussi de ces reconnaissances pour évaluer la situation des populations locales et voir en quoi nous pouvons les aider. Les observateurs de l'ONUST réoccupent dans la journée leurs deux bases de patrouille encore debout à Marwahin et Markaba. Dans les postes, les occupants tentent de remettre un peu d'ordre tout en restant vigilants. Ils font le bilan des dégâts, parent au plus urgent, essaient de réparer au mieux pour pouvoir poursuivre la mission. Les premières colonnes de ravitaillement quittent dès le matin Naqoura pour délivrer en priorité eau et carburant. Les vivres suivront plus tard. Le colonel ghanéen responsable de la logistique s'efforce de distribuer ce qui nous reste de manière équitable et adaptée et il organise déjà des convois sur Beyrouth pour en ramener de quoi recouvrer notre autonomie pour au moins 15 jours. La situation reste très tendue, volatile et fragile, et plutôt que de se féliciter de ce retour au calme il vaut mieux se préparer pour être en mesure d'affronter une nouvelle crise. Nous ne devons surtout pas nous démobiliser mais rester conscients que peut-être d'autres épreuves nous attendent.

D'ailleurs le Quartier général, à New York, ne nous laisse pas le temps de nous abandonner à quelque réjouissance. La mise en œuvre du nouveau mandat ne peut attendre. Les échanges sont nombreux entre l'état-major de la FINUL et nos correspondants à Manhattan pour cerner exactement ce qui nous est demandé et définir la façon d'y parvenir. Je suis maintenant autorisé à augmenter mes effectifs, passant de 2 000 actuellement à un plafond maximum autorisé de 15 000. On ne m'accorde que 48 heures pour fournir l'état des forces dont j'estime avoir besoin car, ensuite, le DOMP devra trouver des pays volontaires pour fournir les unités souhaitées, qu'il leur faudra alors mettre sur pied puis acheminer. Tout ce processus demande de longs délais et il est essentiel que les contributeurs potentiels soient sollicités au plus vite. Ma « shopping list » est déjà bien avancée et je ne vais plus tarder à l'envoyer.

Ici-même, il me faut profiter de la dynamique créée par la nouvelle résolution pour aider à un déploiement rapide de l'armée libanaise. Mais une étroite coordination avec le retrait des unités israéliennes est nécessaire. Je dois donc élaborer un mécanisme grâce auquel la souveraineté libanaise sera progressivement rétablie au fur et à mesure que Tsahal évacuera. Cela bien sûr sans que les parties libanaise et israélienne ne soient jamais en contact direct.

Cessation des hostilités ne veut donc pas dire pour autant cessation des activités. Bien au contraire il faut maintenant mener de front la reprise du contrôle de la zone d'opérations, la remise à niveau des installations et des unités et surtout la préparation d'un avenir proche, voire quasi immédiat. Dans le même temps, il est impératif de rester à l'écoute des populations qui sont encore dans la zone et faciliter leur soutien par les ONG prêtes à les aider.

Les bilans matériels détaillés, les enseignements à tirer de ces 34 jours d'affrontements viendront plus tard. Cependant certains « experts », particulièrement informés, s'en chargeront sans délai et surtout sans vergogne.

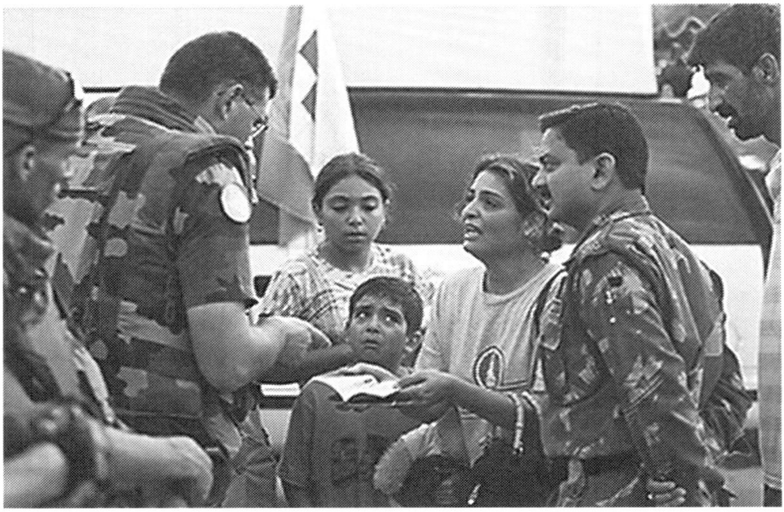

20 juillet 2006 – Port de Tyr –
L'angoisse de la vérification des passeports avant l'embarquement.

20 juillet 2006 – Port de Tyr –
Évacuation des ressortissants étrangers et des familles de l'ONU.

CHAPITRE 5

Premier bilan

Dès la fin des affrontements, les chiffres et les commentaires foisonnent. Produits à chaud, ils sont à prendre avec précaution mais ils nous aident cependant dans nos évaluations et premiers enseignements à tirer. Autant de considérations utiles pour mieux appréhender mon nouveau mandat, et les conditions nouvelles créées pour sa mise en œuvre.

La « Divine victoire » du Hezbollah

Le Parti de Dieu clame son succès sans attendre. Certes il a causé des pertes sensibles à Tsahal et empêché Tel-Aviv d'atteindre la plupart de ses objectifs, mais il a finalement pris un pays en otage et lui a fait subir de sérieux dommages. Aussi, son premier souci est-il de s'employer à minimiser ces ombres au tableau de sa réussite.

Il est très difficile d'estimer les pertes qu'il a subies. Il ne les avouera jamais. Environ 400 à 500 tués sur les 12 000 combattants qu'il est censé pouvoir aligner, mais tous n'ont pas été engagés au sud. Peut-être deux milliers de blessés, mais là encore le mutisme est de rigueur. Tout comme pour les 13 combattants qui ont été faits prisonniers par les Israéliens. Il convient d'ajouter à ces chiffres la trentaine de tués appartenant à d'autres mouvements ou partis politiques qui avaient rejoint le Hezbollah sur le terrain. Ils étaient membres d'Amal, du Parti communiste libanais (PCL) et du Front populaire de libération de la Palestine – Commandement général (FPLP-CG).

Ce sont les civils libanais qui ont payé le plus lourd tribut à ce conflit : 1 200 tués dont un tiers d'enfants de moins de 12 ans, quatre milliers de blessés. Les militaires, pour leur part, déplorent une quarantaine de morts et 80 blessés. Pratiquement toutes les régions du pays ont souffert, mais les zones les plus atteintes sont la banlieue sud de Beyrouth et bien évidemment le Liban-sud. Ce dernier n'abrite plus qu'environ 100 000 personnes par rapport à sa population initiale estimée à près d'un million.

Ceux qui sont partis forment la majorité d'un autre million d'individus, celui de l'ensemble des déplacés que compte le Liban. Le quart d'une population totale estimée à 4 millions d'habitants ! Dès l'annonce de la fin des hostilités la plupart vont chercher à rentrer chez eux. Mais trop souvent ce ne sera que pour découvrir des ruines, entourées de champs truffés de sous-munitions mortelles.

Les ONG présentes vont très rapidement se déployer pour apporter une aide d'urgence et des produits de première nécessité. Mais elles vont avoir la surprise de constater que les besoins réels sont nettement inférieurs à leurs estimations. Certaines repartiront d'ailleurs assez vite, faute d'être utilement employées. En effet, la population libanaise est connue pour la solidité de ses structures familiales et communautaires. Ceux qui ont été obligés de quitter leur lieu de résidence ont pour la plupart trouvé refuge chez des parents qui les hébergeront le temps qu'il faudra. D'un autre côté, les échanges commerciaux intérieurs reprennent très vite. Fruits et légumes sont rapidement disponibles en quantité suffisante malgré un réseau routier très endommagé. La vitalité libanaise, loin d'être une légende, est là pour favoriser le retour à une vie acceptable.

Depuis maintenant dix ans le Liban était en pleine phase de reconstruction. Alors qu'il pansait encore les plaies laissées par quinze années de guerre civile et d'agressions extérieures, 120 ponts sont détruits, et les routes sont interrompues par 137 coupures majeures qui nécessitent des réparations lourdes. La centrale électrique de Jiye, à une trentaine de kilomètres au sud de la capitale, ne fournit plus de courant depuis le 14 juillet. Le bombardement aérien qu'elle a subi a détruit ses réservoirs de carburant qui ont brûlé, en lâchant une épaisse fumée noire et grasse, pendant plus de 20 jours. Ils ont laissé s'échapper dans la mer 15 000 tonnes de fioul qui ont pollué plus de 140 kilomètres de côte. Il a été impossible de s'opposer à cette catastrophe écologique puisque le blocus israélien empêche toute intervention maritime. Dans la vallée de la Bekaa, les installations toutes récentes de Liban-Lait, premier producteur national en la matière, ont été rasées. Curieux objectif militaire !

Mais la population n'en est pas quitte avec les destructions. Il reste dans le sud un ennemi sournois dont il est particulièrement difficile et dangereux de venir à bout. Il s'agit des sous-munitions larguées par Tsahal dans les derniers jours. 951 sites de frappe ont reçu au total plus de 1 800 projectiles à sous-munitions. Soit près d'un million d'engins explosifs répartis sur 38 millions de mètres carrés qu'il va falloir dépolluer avant d'y pénétrer. À ce million de sous-munitions s'ajoutent des milliers de mines laissées par les conflits précédents, dont toutes n'ont pas été encore relevées, faute de renseignements suffisants donnés par ceux qui les ont posées.

Dans une première approche, les pertes infligées à l'économie libanaise sont estimées à 4,1 milliards d'euros. Le conflit a eu lieu en pleine saison touristique qui amène habituellement dans le pays deux millions de visiteurs, étrangers et familles expatriées. Ses apports représentent 12 % du Produit intérieur brut. Déjà, l'année précédente, des passages d'avions israéliens en rase-motte au-dessus de Beyrouth, avec franchissement du mur du son, avaient provoqué le départ précipité des estivants en provenance des pays arabes. Le choix d'un tel agenda par Tel-Aviv n'est pas innocent. Mais l'industrie touristique n'est pas la seule touchée. Dans l'agriculture, 40 000 familles sont affectées par les combats. Beaucoup d'entre elles ont dû quitter leurs terres, les récoltes d'olives et de tabac sont perdues, ainsi que les autres fruits et les légumes. Enfin, les pêcheurs ne peuvent quitter les ports car le blocus israélien est toujours en vigueur. Le redémarrage économique s'annonce difficile, le carburant et les médicaments manquent cruellement. Le Liban est obligé de faire appel à l'aide internationale, mais celle-ci ne pourra se manifester que lorsqu'Israël se décidera à autoriser le rétablissement des liaisons aériennes et maritimes. Ce n'est pas le cas pour l'instant et personne n'ose s'opposer à son diktat.

Outre ses morts et ses blessés, le Hezbollah a consommé ou perdu une partie importante de son arsenal de roquettes et de missiles. Il en a tiré en moyenne 128 par jour, dont 25 % ont touché des zones habitées. 126 lanceurs de moyenne et longue portées ont été détruits et 3 de ses drones, peut-être porteurs de charges explosives, ont été abattus par l'aviation israélienne. Mais il a encore la capacité de lancer plusieurs milliers de projectiles. Et puis, la frontière avec la Syrie reste perméable à tout approvisionnement facilité par Damas. Certes le Parti de Dieu est affaibli dans ses moyens mais il sort grandi de l'épreuve. Grace en partie à une utilisation très professionnelle de ses médias, et en particulier de sa télévision « Al Manar ». Il développe ainsi son prestige et se donne des allures de vainqueur face à l'ennemi de toujours, Israël. En ces temps difficiles il semble être le seul à pouvoir redorer un tant soit peu le blason « au cèdre de sinople sur champ d'argent et de gueules ». Trop affaibli, le gouvernement laisse faire. D'ailleurs la passivité dont il a fait preuve durant le conflit ne lui permet pas de contrecarrer les objectifs de politique intérieure du Hezbollah. Ce dernier entend exploiter à fond ce qu'il présente comme sa victoire. Tout le monde ne l'apprécie pas ainsi, en particulier ceux qui ont beaucoup perdu, parents ou biens. Mais les rabat-joie risqueraient vite d'apparaître comme de mauvais patriotes. Alors, mieux vaut ne rien dire.

Bien sûr, le mouvement conserve sa branche armée et l'ensemble de ses moyens militaires. Qui voudrait chercher à en dépouiller le défenseur du pays ? Même si les dégâts subis font douter certains de la justesse de sa cause, il reste puissant et domine sans partage la vie politique du moment. Il sait le danger qu'il y aurait à affronter une remise en question de ses initiatives passées par une fraction de la population. Aussi fait-il tout, tout de suite, pour être omniprésent, tant sur le front de la presse et des déclarations que sur celui de l'action humanitaire. Il est le premier à promettre des aides financières quasi immédiates à ceux qui ont subi des dommages. En grande partie grâce à l'argent iranien. Sous forme de dollars, qui sont pourtant la monnaie du « Grand Satan » ! Les défenseurs purs et durs de la cause le lui reprocheront. Mais peu importe, cela lui permet là aussi de devancer le gouvernement. Sans le Hezbollah, finalement, point de salut pour atténuer les conséquences d'un conflit dont il est pourtant clairement à l'origine. Il est en train de conforter les positions dominantes qu'il avait déjà acquises et s'avère être chaque jour un peu plus omniprésent dans le jeu politique libanais.

L'événement du 12 juillet, initiative particulièrement malheureuse pour le Liban, n'est finalement que la conséquence logique des atermoiements de l'État. Depuis mai 2000, date du retrait israélien du Liban-sud, le gouvernement n'a jamais cherché à rétablir sa pleine souveraineté sur ses territoires au sud du Litani. Malgré les encouragements, les offres de soutien et les rappels au respect des résolutions de l'ONU renouvelés tous les six mois. Il a abandonné cette partie du pays au contrôle du Hezbollah qui est ainsi devenu sa sentinelle incontournable face à l'ennemi israélien. Un auxiliaire devenu indispensable qui a aussi étendu petit à petit son emprise sur le reste du Liban à partir de ses deux autres pôles de domination : la Bekaa et la banlieue sud de Beyrouth. Comment obliger cette milice à désarmer, dans le respect de l'accord de Taef, approuvé le 22 octobre 1989 par l'ensemble des députés libanais pour mettre fin à la guerre civile ? D'autant que ses armes lui ont permis de mener cette résistance qui poussera finalement l'ennemi à se retirer en 2000. Mais, selon le Parti de Dieu, ce retrait est incomplet. Les fermes de Shebba sont toujours occupées et suffisent à justifier qu'il continue à entretenir une véritable armée. À tel point qu'il est devenu trop puissant pour que le gouvernement le désarme, sous peine d'une nouvelle guerre civile. En effet, la communauté chiite le soutient d'une manière inconditionnelle. Et par son nombre elle est la plus importante du pays. De plus, il bénéficie aussi de l'aide intéressée de l'Iran et de la Syrie.

Ainsi, depuis 2000, le Hezbollah s'est méthodiquement organisé et renforcé pour lutter contre un ennemi unique : Israël. Il a considérablement augmenté ses stocks de missiles et de roquettes, acheminés à travers la frontière avec la Syrie avec d'évidentes complicités des institutions libanaises. Il a édifié entre Litani et Ligne bleue ses deux lignes de défense, dans la zone d'opérations d'une Finul qui ne pouvait que rendre compte mais pas s'y opposer. Tout appel de la part de la Force à ses correspondants libanais faisait l'objet d'une écoute polie, parfois d'un sourire, sans que rien ne change. La communauté internationale ne trouvait pas, ou ne voulait pas se donner les moyens de mettre fin à l'expansion de cet État dans l'État. Quant à l'État libanais, il ne pouvait pas ignorer ces transformations. Au contraire, s'il ne les encourageait pas systématiquement, du moins les supportait-il car elles servaient sa politique vis-à-vis de son voisin du sud. Ainsi il les connaissait sans être capable pour autant de les maitriser. D'où la surprise qu'il exprima à l'annonce de l'opération du Hezbollah. Mais pouvait-il vraiment se poser en victime par la suite ?

Dans ce conflit, c'est la première fois que l'armée israélienne est ainsi tenue en échec en dehors de ses frontières. Elle est certes encore présente entre le Litani et la Ligne bleue mais la nouvelle résolution l'oblige à se retirer rapidement. Ses armements sophistiqués – aviation, blindés, artillerie – se sont révélés insuffisants face à une guérilla d'une forme nouvelle, qu'elle n'avait encore jamais eue à affronter. Il ne s'agit pas de celle qu'elle connaît dans les territoires palestiniens occupés mais d'affrontements tant dans les localités qu'en terrain ouvert. De petites équipes très mobiles, essentiellement constituées autour d'armes antichars modernes et légères, qui adoptent la tactique du combat en essaim. Des embuscades où elles concentrent leurs feux, puis s'évanouissent dans la nature pour reparaitre ailleurs. Elles ont l'avantage de bien connaitre la région. Beaucoup en sont originaires et bénéficient souvent de l'appui, plus ou moins spontané, de ce qui reste de la population. Il faut ajouter à cela des tirs d'appui, à l'aide généralement de mortiers, et bien sûr les tirs de roquettes et missiles qui dans le même temps s'abattent sur la Galilée. Par cette forme de combat, une milice nettement inférieure en effectifs et en moyens, hormis les roquettes et les missiles, a réussi à contenir l'armée réputée être la plus puissante au Proche-Orient. De surcroît, elle l'a l'obligé à accepter une cessation des hostilités avant qu'elle ait pu atteindre ses objectifs. Ce succès de sa branche armée, même s'il n'est que relatif, renforce considérablement la position du Hezbollah au sein de la vie politique libanaise. Comment les responsables en place vont-ils pouvoir s'en accommoder ? Sans parler de la communauté internationale qui a su le ménager avec une résolution très peu contraignante pour lui. Il reste finalement libre de ses mouvements en dehors de notre zone d'opérations, même si les autorités libanaises sont sommées de le désarmer. Mais comment pourraient-elles le faire ?

Déboires et « balagan »[1]

Tsahal a subi de lourdes pertes pour ce petit pays de 7 150 000 habitants : 118 tués et 254 blessés, tandis que les civils comptent 48 morts et

1. « Désordre » en hébreu.

près de 1 500 blessés dans leurs rangs. Sans oublier les deux soldats retenus prisonniers par le Hezbollah. Les destructions concernent le nord d'Israël, la Galilée, essentiellement entre la Ligne bleue et le parallèle passant par Haïfa. 500 000 personnes ont quitté cette région pour se mettre à l'abri plus au sud. Le pays a reçu près de 4 000 roquettes et missiles dont 900 tombés sur des zones urbanisées. Les objectifs visés par le Hezbollah ont été touchés avec une relative imprécision mais ont dû cependant payé leur tribut en vies humaines.

Pour mener la totalité de la campagne Tsahal a engagé 30 000 soldats, dont au moins la moitié de réservistes. Il a traité 9 000 cibles au prix de pertes en matériels mineures, à l'exception des chars. Le Merkava, fleuron de l'industrie israélienne du blindé, y perd de sa crédibilité. 50 ont été touchés par des tirs de missiles antichars ou immobilisés par des mines. 21 d'entre eux ont été percés, mais leur blindage s'est révélé tout compte fait efficace. En effet, sur les 200 hommes que représente l'effectif total des équipages de char touchés on compte seulement 23 tués ou blessés. 4 hélicoptères ont été détruits, ainsi qu'un avion F-16, suite à un accident. Enfin, une corvette a été très sérieusement endommagée mais a pu rallier Haïfa. Au total, cette Deuxième guerre du Liban dans laquelle Israël a décidé de s'engager lui coûte 4,4 milliards d'euros soit 10 % du budget annuel de l'État, ou la moitié de celui de la Défense. Les stocks en tout genre ont été largement entamés, mais les États-Unis n'ont pas ménagé leur soutien, en particulier par des approvisionnements en kérosène et en missiles anti-bunker.

Malgré plus d'un mois de lutte, Tel-Aviv n'a pas atteint la plupart des objectifs qu'il s'était fixés. Il n'a pas récupéré ses deux otages, mais dès le début cela apparaissait comme une véritable gageure. Bien que le Hezbollah ait clairement été à l'origine du conflit, la violence de la riposte qui a éprouvé la population locale – destructions, évacuations, exodes – n'a pas suffi pour faire perdre au mouvement chiite le soutien du peuple libanais. Bien au contraire, des solidarités se sont développées et cristallisées autour d'un sentiment national déjà fort. Le régime n'a en rien été ébranlé. Il n'a pas eu à se soumettre à des changements drastiques. Encore un calcul erroné ! Certes la milice libanaise a subi des pertes significatives, en hommes et en matériels, mais pas suffisantes pour rassurer les stratèges israéliens. Elle menace toujours la moitié nord de leur pays et peut reconstituer rapidement le potentiel perdu. Bien sûr, elle est maintenant obligée de rester au nord du Litani, mais qu'est-ce qu'une dizaine de kilomètres de plus en portée pour nombre de munitions de son arsenal ? Elle est toujours en mesure d'atteindre Israël.

Le tableau est sombre, mais il est cependant possible d'y relever deux points positifs. Le blocus aérien et maritime s'est révélé efficace durant tout le conflit, il dure toujours et reste un argument de poids dans les négociations en cours. Enfin, et c'est presque un paradoxe : c'est cette nouvelle invasion israélienne du Liban-sud qui provoque le déploiement des Forces armées libanaises dans une région qu'elles n'avaient jamais voulu contrôler auparavant. Voilà le seul véritable gain de ces 34 jours de combat, outre, bien sûr, une nouvelle résolution de l'ONU dont on espère qu'elle va permettre la création d'une FINUL plus efficace.

Il n'a pas fallu attendre le 12 juillet pour se rendre compte qu'en Israël la relation entre militaires et responsables civils est mauvaise. La classe politique, faible et instable, regorge d'officiers à la retraite qui accèdent souvent aux plus hautes responsabilités. Mais en cet été 2006, le Premier ministre, Ehud Olmert, est un pur civil, tout comme le ministre de la Défense, Amir Peretz. Ceci ne facilite pas le dialogue entre des chefs militaires qui se défient des politiques et tiennent à leur liberté d'action, et les membres du gouvernement qui ont du mal à définir et imposer leurs objectifs stratégiques, tout en s'efforçant de contrôler les velléités de revanche de Tsahal. Objet de temps à autres de harcèlements sur la Ligne bleue, parfois coûteux en vies humaines, l'armée a déjà vécu il y a moins d'un an la douloureuse expérience de l'évacuation de la bande de Gaza. Un retrait de la partie occupée du plateau du Golan pourrait être l'étape à venir. Alors, autant conjurer le sort et montrer de quoi on est capable. Il y a des plans qui ont été validés, il faut maintenant les mettre en œuvre.

Dès le début des affrontements, et même avant, le chef d'état-major israélien, le général Dan Halutz, avait proclamé haut et fort la totale confiance qu'il avait en l'arme aérienne. Pour lui : « La victoire n'est pas un problème de conquête du terrain mais une affaire de volonté. Et la puissance aérienne affaiblit de façon significative la volonté de l'adversaire. Le problème de la bataille terrestre est anachronique. » Brillant pilote d'avion Phantom, ancien chef de l'Armée de l'air, il est convaincu que l'emploi de l'aviation peut suffire pour venir à bout de l'adversaire. En détruisant ses armements principaux, en annihilant ses centres de commandement, celui-ci s'en trouvera tellement affaibli, avec un moral tellement atteint, qu'il finira par abdiquer. Certes un aviateur considère toujours les choses de haut, mais c'est oublier trop vite que la victoire se concrétise presque toujours par l'occupation du terrain. Depuis des années les pilotes israéliens estiment être les meilleurs au sein de leur armée, et considèrent souvent avec condescendance leurs camarades des forces terrestres. Ils font peu de cas de ce qui se passe « au ras des pâquerettes » et sont persuadés de détenir les meilleurs moyens pour une riposte efficace. Ils sont à bonne école, puisqu'ils sont équipés et instruits par les Américains qui ont dû attendre l'Afghanistan pour revenir sur ces mêmes principes grâce auxquels ils pensaient pouvoir mettre en œuvre leur politique du « no dead » (« zéro mort »). Une politique de guerre à distance qui convient bien à l'État hébreu où la vie humaine est le bien le plus précieux. L'aviation israélienne a effectué entre 12 et 15 000 sorties, soit environ 400 par jour, grâce auxquelles elle a traité plus de 7 000 cibles. Mais elle n'a pas pu à elle seule faire cesser les tirs sur Israël et l'état-major a dû se résoudre à mener une campagne terrestre.

Comme cette éventualité n'avait pas été suffisamment prise en compte dès le début des hostilités, tout du moins à l'échelle à laquelle il a fallu y procéder, le commandement s'est trouvé dans l'obligation de planifier à très courte échéance les nouvelles opérations. Il a dû pratiquement changer de monture au milieu du gué, ce qui n'est pas réputé pour être la plus favorable des situations. En plus, il était obligé de faire appel à de nombreux réservistes, souvent sous-équipés et sous-entraînés. De 2001 à 2006, le budget consacré à leur instruction a subi une réduction de 800 millions de dollars. Ces soldats sont, en outre, plus habitués au contrôle de foule en zone urbaine dans les territoires palestiniens occupés qu'au combat classique en terrain ouvert. Des unités peu motivées, mal instruites, ayant même oublié les réflexes de base du combattant. Il suffisait de les observer sur le terrain pour voir leur manque de savoir-faire auquel s'ajoutait une organisation déficiente du commandement et un soutien logistique par trop défaillant. Des dispositifs d'infanterie trop serrés où un tir de mortier causait de lourdes pertes, et à l'inverse des chars trop isolés qui faisaient des cibles vulnérables. À cause d'une coopération air-sol trop lâche bien souvent les chefs à terre ne savaient pas ce qui se passait au-dessus de leur tête, tout comme ils ne pouvaient pas bénéficier à temps des appuis aériens quand ils étaient nécessaires. Une démonstration particulièrement regrettable du « balagan », cette version israélienne du désordre faite d'accommodements avec les règlements, d'initiatives inappropriées et mal contrôlées, d'improvisations à contretemps, de réactions plus épidermiques que légitimes et aussi de nonchalance.

Le Chef d'état-major de l'Armée de terre israélienne, le général Benjamin Gantz, disait de cette campagne : « Nous avions planifié un train à grande vitesse, mais ce que nous avons fait ressemblait plus à un bus ralenti par des feux rouges. » Les moyens étaient là, en qualité et en nombre certainement suffisant. Mais leur emploi fut mal adapté face à un adversaire sous-estimé.

Quant aux civils, c'était pour eux la première fois dans la jeune histoire de leur pays qu'ils avaient à endurer une si longue période de bombardements sur leur sol. Les guerres précédentes s'étaient essentiellement déroulées en dehors de leurs frontières. Nombreux furent ceux qui durent avoir recours pendant plus d'un mois à la protection de leurs abris. Mais que faire d'autre puisqu'évacuer l'ensemble des populations menacées était impossible. Une si longue période de danger et de tension a incontestablement influé sur le moral des populations, d'autant que s'y sont ajoutés les problèmes de ravitaillement. Elles ont donc eu de plus en plus de mal à supporter les contraintes imposées par leurs autorités. Cette donnée du conflit a très probablement pesé d'une manière significative dans la décision du gouvernement d'accepter les termes de la résolution 1701. Il devenait urgent de mettre fin aux épreuves endurées par nombre d'habitants.

La FINUL, toujours là !

La Force a été LE témoin de ce nouveau conflit dans toute sa durée. Elle est endeuillée par la perte des quatre observateurs de l'ONUST de PB Khiam et celle d'un expatrié employé civil et de son épouse. Elle compte 14 blessés sérieux dont un officier de l'ONUST. Elle a réussi à évacuer 1 116 personnes par mer, et plus de 4 000 par la route pour leur faire franchir le Litani.

Limitée dans ses actions par son mandat, il n'était pas dans ses tâches de s'opposer aux parties en cause dans le conflit. D'ailleurs, l'aurait-elle voulu qu'elle n'en avait pas les moyens, avec ses seuls armements légers. Elle a mené de bout en bout sa mission d'observation et a tenu en permanence New York informé de la situation sur le terrain, et de ses possibilités d'évolution. Elle y a été le seul témoin impartial. À plusieurs reprises, ses liaisons avec les parties ont permis des négociations et des arrangements qui ont réussi à limiter les risques encourus par la population libanaise. Pas assez souvent, malheureusement. La majeure partie de ses actions ont concerné le domaine de l'humanitaire. Mais là encore d'une manière trop limitée à cause de la modestie de ses capacités. Elle a cependant, outre les évacuations et les hébergements temporaires dans certaines de ses positions, réussi à imposer la création de « zones sûres » et à les faire respecter. Elle a aussi beaucoup soigné, premiers soins mais également 11 interventions chirurgicales lourdes pratiquées à son hôpital de Naqoura. Ses engins de travaux publics ont participé au déblaiement d'immeubles écroulés et à la recherche de leurs occupants. Chaque fois qu'elle a pu, elle a acheminé dans les villages des vivres, et au tout début de l'eau, voire du carburant.

Elle est toujours en place, et son avenir parait assuré avec l'adoption de la nouvelle résolution. Les Nations unies vont pouvoir continuer leur mission de paix au Liban-sud. Arrive maintenant pour la FINUL une période de transition où souplesse et capacité d'adaptation seront les gages de l'élaboration satisfaisante du nouvel outil à forger.

25 juillet 2006 – Hosh –
Les sapeurs chinois déblaient la villa où habitaient l'employé civil de la FINUL, Augustin Bielonwu, et son épouse.

27 juillet 2006 – Position 9-64 –
Dernier hommage à trois victimes de PB Khiam dont les corps franchissent la Ligne bleue et sont accueillis en Israël.

TROISIÈME PARTIE

FINUL ET LIBAN TOUJOURS ?

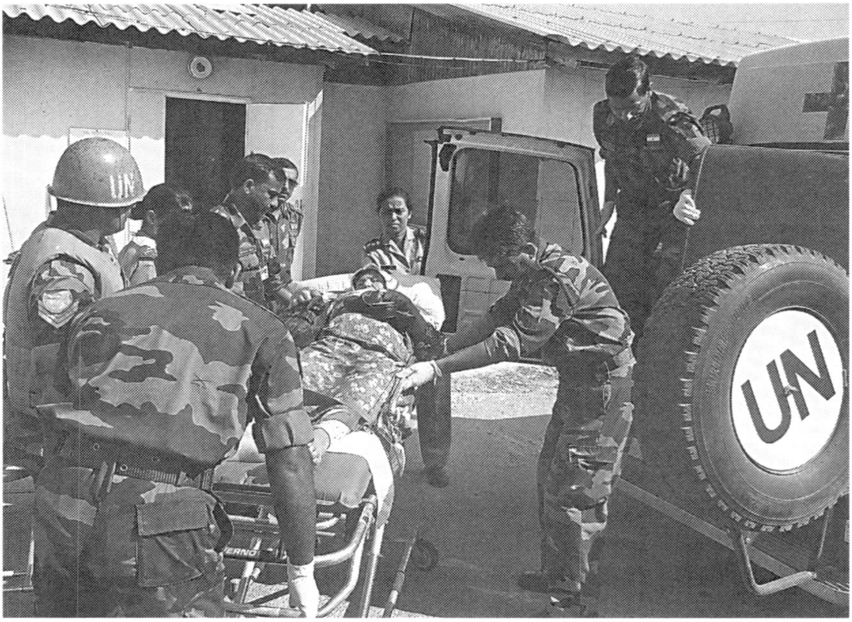

26 juillet 2006 – Naqoura –
Accueil d'une Libanaise blessée à l'hôpital de campagne indien.

27 juillet 2006 – Naqoura –
Conférence de presse improvisée dans un abri.

Chapitre 6

D'une FINUL à l'autre

Le 11 août 2006 est une date-charnière dans l'histoire de la FINUL. L'adoption de la résolution 1701 par le Conseil de sécurité des Nations unies traduit la volonté des États membres de vraiment se donner les moyens de maintenir la paix au Liban sud. Sans renoncer à la résolution 425 qui a créé la mission il y a vingt-huit ans déjà et dont certaines clauses sont encore d'actualité. Nous allons pouvoir agir avec un nouveau rôle plus contraignant pour les parties, de nouvelles structures mieux adaptées et des modes d'action plus réalistes. Afin de bien marquer ce changement, certains ont proposé d'abandonner la dénomination de FINUL et de chercher un autre nom de baptême. Peut-être pour faire oublier un passé qu'ils considèrent comme peu flatteur. Mais la Force n'a pas à rougir de son histoire. Elle n'a jamais démérité eu égard aux taches confiées et aux moyens consentis. Alors on s'est mis à parler de « Nouvelle FINUL » ou de « FINUL II ». C'était déjà mieux car on ne faisait plus fi du passé. Tout n'avait pas été négatif et il aurait été bien présomptueux, voire dangereux, de faire table rase de presque trois décennies de présence dans cette région. Et puis, la FINUL est vite redevenue la FINUL tout court et c'est bien ainsi. Elle reste cet acteur incontournable, bien connu des protagonistes, d'autant plus incontournable désormais qu'il a pris la dimension du nouvel environnement géopolitique au sein duquel il doit agir.

Mon contrat me lie aux Nations unies jusqu'au 17 février 2007. Si New York estime qu'il n'est pas nécessaire de changer de chef de mission en même temps que de mandat, et qu'au contraire il est préférable que j'assure la transition, il me reste 6 mois pour bâtir et confier à mon successeur une force apte à remplir ses nouvelles tâches. C'est à la fois peu : démarches diplomatiques, administratives et logistiques obligent ; et beaucoup, tant sont rapides et parfois imprévisibles les changements de situation auxquels il faut faire face dans la zone. Si c'est là mon dernier défi, je ne pouvais rêver mieux et suis bien décidé à en triompher. Après des débats d'un niveau nettement supérieur au mien, je suis confirmé dans mes fonctions. J'apprends cette décision avec bonheur, tout comme mon état-major qui voit là une juste reconnaissance de la manière dont nous avons géré la crise à notre niveau.

Mandat et règles d'engagement

La nouvelle résolution qui définit notre mandat n'a rien à voir avec celle qui nous a créés. Cette résolution 425 qui listait en trois lignes différentes taches, dont les deux dernières dans des termes très vagues : « rétablir la paix et la sécurité internationale », « aider le gouvernement libanais à assurer la restauration de son autorité effective dans la région ». La résolution 1701 reprend finalement les mêmes objectifs, mais d'une manière beaucoup plus précise, détaillée et même offensive. Et de plus, elle en ajoute d'autres.

Elle cherche à responsabiliser pleinement les autorités libanaises en insistant sur le concept d'assistance. La FINUL n'est pas là pour agir seule mais pour apporter son concours aux forces armées du pays. Dans un premier temps en facilitant leur déploiement entre le Litani et la Ligne bleue au fur et à mesure du retrait israélien. Puis en aidant à faire en sorte que cette zone soit « une zone d'exclusion de tous personnels armés, biens et armes autres que ceux déployés dans la zone par le gouvernement libanais et les forces de la FINUL ». Nous devons également être prêts à aider le Gouvernement libanais, *sur sa demande*[1], à « sécuriser ses frontières ». Enfin notre rôle humanitaire persiste puisque nous devons contribuer à « assurer un accès humanitaire aux populations civiles et le retour volontaire des personnes déplacées dans des conditions de sécurité ». Je n'agis pas à côté de mes partenaires libanais, mais main dans la main. Nous avons tous encore à l'esprit l'impuissance des Nations unies face au refus constant de Beyrouth d'envoyer son armée occuper le terrain laissé libre par Tsahal en 2000. Le Hezbollah s'en était emparé sans partage, avec les conséquences que l'on sait. Immédiatement nous allons faire en sorte qu'un véritable couple se forme, et que la collaboration soit constante dans le plus de domaines possible : information, préparation et exécution des missions à caractère militaire, affaires civiles. Nous allons ouvrir notre état-major aux officiers libanais qui seront bientôt présents dans la plupart de nos bureaux opérationnels. Nous aurons également très rapidement des officiers de liaison libanais au PC de chaque bataillon de la Force. Petit à petit, la confiance aidant, nos camarades libanais prendront de l'assurance et s'acquitteront de mieux en mieux de l'exécution

1. Souligné par l'auteur.

des termes de la résolution malgré des moyens nettement insuffisants. De nouvelles procédures, adaptées aux besoins spécifiques de chacun des partenaires, seront élaborées. Très vite, va s'éloigner cette époque où nous étions seuls pour travailler. Mais cette résolution nous donne deux partenaires et je n'oublie pas la partie israélienne. Envers elle aussi je fais preuve de la même d'ouverture. Si là il n'est pas question d'assistance, la recherche de ma part d'une collaboration plus étroite est constante.

À nouvelles missions nouveaux moyens, et dans ce domaine les changements sont très significatifs. Tout d'abord notre zone d'opérations occupe maintenant l'entière étendue entre le Litani et la Ligne bleue, soit un cinquième de la superficie du Liban. Auparavant toute la région de Tyr, « la poche de Tyr », échappait à notre responsabilité. L'intégration dans notre dispositif de l'agglomération la plus importante du Liban-sud au sud du Litani est logique et déterminante. C'est à la fois un centre économique majeur, un carrefour routier qui ouvre un accès vers Saïda puis Beyrouth, et aussi le seul port capable d'accueillir des navires de moyen tonnage sur la portion de côte qui forme notre limite ouest. Notre nouveau domaine n'est finalement pas surdimensionné puisque nos effectifs, précédemment de 2 000, peuvent maintenant s'accroître jusqu'à un plafond autorisé de 15 000 militaires. Présence multinationale à laquelle il convient d'ajouter les 15 000 hommes annoncés par l'Armée libanaise. D'ailleurs le choix du même nombre par l'ONU peut très vraisemblablement s'expliquer par le souci de New York de faire le pendant aux effectifs libanais. Le plafond ne sera jamais atteint et la FINUL oscille entre 11 000 et 12 000 militaires, auxquels s'ajoute un millier de civils dont plus de 600 personnels recrutés localement.

Forts de ces nouveaux effectifs autorisés, et après un examen méticuleux des tâches qui me sont confiées, j'exprime sans tarder nos besoins à New York. Tout d'abord, suite aux mécomptes de l'été, je demande que toutes les unités soient équipées de véhicules blindés qui les mettent à l'abri des coups du champ de bataille. Nous avons à la fois non seulement des missions de surveillance, mais aussi de soutien à l'Armée libanaise, et d'intervention si cela s'avérait nécessaire. Il faut donc pouvoir couvrir largement l'espace qui nous a été attribué et y assurer une présence permanente suffisante. J'estime nos besoins à 8 bataillons d'infanterie sous blindage, chacun avec ses propres appuis. Avec les dégâts subis durant le conflit une bonne partie des infrastructures est à reconstruire. Nous devons aménager les espaces nécessaires à l'accueil des nouveaux venus tout en faisant face à la menace permanente représentée par les sous-munitions et les mines. Pour ces raisons je demande à disposer de la valeur de 6 compagnies du génie, surtout spécialisées en travaux et déminage. Les nouveaux effectifs à réaliser nécessitent d'avoir 3 hôpitaux de campagne, indispensables pour nos hommes mais également largement ouverts à la population civile. Il convient d'ajouter à tout cela des moyens de commandement regroupés autour de 2 compagnies de transmissions puisque j'ai décidé de diviser la zone d'opérations en deux secteurs : ouest et est[1], dont chacun aura un PC spécifique. Je demande enfin un bataillon logistique revu à la hausse pour le transport des approvisionnements et l'exécution des opérations de maintenance, une compagnie de protection pour l'état-major à Naqoura, ainsi qu'une compagnie de police militaire qui couvrira l'ensemble de la zone. Le détachement d'hélicoptères fourni par l'Italie reste en place, mais s'enrichit d'un hélicoptère AB 205 supplémentaire.

Pour la première fois dans l'histoire des Nations unies une de ses missions va être dotée d'une force navale, si l'on excepte les quelques bateaux que la Mission des Nations unies en République démocratique du Congo (MONUC) a pu déployer dans la région des Grands lacs ou sur le Congo. Puisque nous devons aider le gouvernement libanais à sécuriser ses frontières et qu'il ne dispose que d'une flotte très réduite, nous allons prendre en compte la surveillance de son littoral en déployant seize bâtiments entre la côte et Chypre : 4 frégates, 10 patrouilleurs rapides et 2 bâtiments logistiques. Ce nouveau barrage à la contrebande en général, et à celle d'armes en particulier, devrait inciter les Israéliens à lever rapidement leur blocus maritime. Sans attendre, la « Maritime Task Force » (MTF) va monter en puissance. Les premiers éléments qui la constituent sont des bâtiments restés au large des côtes libanaises après les opérations d'évacuation des ressortissants étrangers. Ils sont rejoints petit à petit par d'autres participants. Dès le 8 septembre, l'amiral Giuseppe de Giorgi (Italie) en prend le commandement provisoire et s'attelle à transformer ce groupe de bâtiments provenant de 8 nations différentes en un ensemble cohérent et opérationnel. Non seulement il y réussit parfaitement, mais il parvient aussi à développer une étroite coopération avec les autorités maritimes et douanières libanaises. Il transmet le commandement de ce bel outil à l'amiral Andreas Krause (Allemagne) le 15 octobre, au cours d'une cérémonie que je préside à bord du porte-aéronefs italien *Garibaldi*, accosté dans le port de Beyrouth. C'est alors l'Allemagne qui est le plus important contributeur naval. Ce rôle qu'elle remplit au mieux lui convient parfaitement car elle ne manifestait aucun enthousiasme à devoir déployer des unités terrestres. La voici très présente et sans aucun conflit avec son parlement sur la légalité de son engagement. La côte libanaise est la seule partie de la limite internationale du pays où la FINUL apporte son assistance à la surveillance. Hormis la partie de frontière terrestre qui

1. Voir carte en annexe.

constitue la bordure sud de notre zone d'opérations, le reste du périmètre nous est interdit puisque nous n'avons pas le droit de sortir de l'espace qui nous a été assigné. Bien que le Liban déploie de nouveaux moyens, ceux-ci restent insuffisants. Et il est obligé de faire appel à d'autres organismes internationaux, ou à des initiatives bilatérales, pour améliorer l'étanchéité de ses limites nord et est, lieux de passage privilégiés de la contrebande avec la Syrie.

Avec la multiplication des tâches et l'accroissement des effectifs, mon état-major composé d'une vingtaine d'officiers ne suffit plus. New York décide de le remanier de fond en comble et nous passons d'une structure qui nous était propre à une organisation calquée sur celle des états-majors de l'OTAN. Les bureaux spécifiques vont se multiplier et le nombre d'officiers passer à 120 ! Bien sûr on retrouve les traditionnels bureaux « opérations », « renseignement » ou « personnels », que nous avions déjà, mais beaucoup d'autres viennent s'y greffer. Avant, le soutien logistique des unités était essentiellement géré par une division administrative de civils qui, séparée de l'état-major de la mission, opérait de manière indépendante. Ces fonctionnaires internationaux spécialisés, habitués à travailler seuls, en prise directe avec New York, sont maintenant intégrés à la nouvelle organisation, ce qui les rendra bien plus au fait de la réalité des besoins sur le terrain. Grâce à cette nouvelle synergie nous allons remettre en cause une décision unilatérale de New York. Le chef des soutiens y avait décidé que notre PC et base logistique de Naqoura était trop exigüe et qu'il était indispensable de créer de toutes pièces un nouveau complexe, plus au nord entre le Litani et Tyr. Nous parvenons à convaincre les spécialistes du contraire, économisant ainsi 8 millions de dollars !

Un bureau « affaires civiles » est créé, ainsi qu'un autre en charge de la planification. Jusque-là cette dernière fonction se trouvait réduite à sa plus simple expression, faute d'officiers qualifiés en nombre suffisant. Elle se limitait à l'élaboration des différents plans d'évacuation nécessaires en cas de crise. Il faut dire que pendant longtemps, réfléchir à des scénarios de détérioration de la situation et chercher comment y réagir était pécher contre l'esprit. Une résolution était en place, régulièrement renouvelée, il fallait s'y tenir sans trop chercher à envisager le pire. À l'extrême, une telle démarche aurait pu remettre en cause le consensus qui avait été établi pour adopter la résolution fondatrice et on sait d'expérience qu'un tel accord est toujours fragile, tant les intérêts des États membres sont divergents. Une résolution est très souvent, peu ou prou, un plus petit dénominateur commun entre les nations. Le conflit que nous venons de vivre marque ainsi dans le domaine de la planification la fin d'une époque. Maintenant la préparation de l'avenir, au moins à court et moyen termes, est beaucoup plus active, cohérente et riche en propositions.

Nous modifions également en profondeur certains bureaux déjà existants. Précédemment, fidèles en cela aux principes du maintien de la paix, nous suivions l'évolution de la situation en nous bornant à faire de l' « information ». Puisque nous étions sensés être sous la protection des parties, ne pas avoir d'ennemi, nous n'avions donc rien à craindre et jouions la confiance. Mais avec l'apparition du terrorisme une nouvelle menace est née, plus diffuse et globale, qui échappe au contrôle des protagonistes. Il est impératif de la prendre très sérieusement en compte et ainsi de passer de l'information au « renseignement », plus offensif. La tendance était déjà sensible à la FINUL depuis quelques années mais maintenant la bascule est faite. Nous ne nous contentions déjà plus des sources ouvertes comme la presse et la radio, mais nous développons nos moyens d'investigation et menons une véritable manœuvre pour rechercher tout ce qui peut nous permettre de mieux connaitre notre ennemi.

La gestion des médias a toujours été de la responsabilité de mon conseiller diplomatique (SA, pour Senior Adviser), M. Milos Strugar (Montenegro). Il est le mieux à même de représenter la Force auprès de la presse car il a une parfaite connaissance de la politique de l'Organisation, maitrise ses éléments de langage, et suit de très près la situation locale. Chaque contingent s'est bien sûr pourvu d'un officier chargé des relations avec la presse. Je les place tous sous l'autorité du SA, non sans quelques difficultés. Chacun essaie naturellement de mettre en avant les actions de son contingent, de faire ressortir les efforts consentis par son pays, mais néglige trop souvent de le faire dans le contexte de la FINUL et sous le sceau du Drapeau bleu. De même, les appréciations de situation et les jugements de valeur exprimés à un tiers et qui nous engagent forcément d'une manière collective doivent être exempts de sensibilités nationales. Ces nuances ne sont pas toujours faciles à faire admettre, mais la vigilance et la pédagogie du SA permettront d'éviter des propos maladroits qui nous auraient engagés d'une manière inconsidérée. Pour un militaire il est toujours difficile d'être subordonné à un civil, étranger de surcroit, mais une fusion efficace finira par s'opérer.

La mise en place de ce nouvel état-major peut être à juste titre qualifiée de choc culturel. Les différentes fonctions qui permettent la bonne exécution de la mission sont maintenant réunies dans une structure totalement intégrée. Les militaires et les civils travaillent ensemble, ils suivent la même situation en salle d'opérations, réfléchissent de concert aux mesures à prendre et s'accordent sur les décisions. Tous n'ont jamais été aussi près les uns des autres.

Le vocabulaire de l'ONU était déjà riche, voire trop, en acronymes. Même pour celui qui s'y prépare, suivre une conversation ou exploiter un document n'est pas des plus aisées dans les premières semaines d'un séjour à l'ONU : presque chaque phrase est émaillée d'un terme totalement abscons pour qui n'est pas de la partie. Maintenant il faut aussi s'habituer aux sigles de l'OTAN ! Si la chose est relativement facile pour les militaires, ce n'est pas le cas des fonctionnaires et employés civils. Ils sont souvent ici depuis très longtemps et ont du mal à se détacher de l'organisation ancienne, à voir changer le nom d'emploi d'interlocuteurs qui restent les mêmes, et à trouver de nouvelles plaques sur les portes des bureaux. Mais petit à petit, nécessité faisant loi, tout le monde parlera le même langage. La difficulté à se fondre dans ce nouveau moule peut avoir aussi des raisons plus profondes tel l'ego des nations. Il est un fait que la majorité des effectifs qui vont être fournis à la FINUL proviennent des pays d'Europe occidentale, pour la plupart membres de l'OTAN. Mais il y a également d'autres contributeurs comme la Chine ou l'Inde. Ce sont de grandes nations, parmi les premières de la planète, et elles n'appartiennent pas à l'Alliance atlantique. Certes elles ne perdent rien de leur indépendance en s'intégrant dans ces nouvelles structures mais elles marquent cependant quelques réticences. Elles ont le souci de ne pas apparaître comme les supplétifs d'une organisation internationale dont elles ne sont pas membres. Elles y réussiront parfaitement grâce à la qualité des contingents fournis.

Le quartier général de l'ONU à New York hérite lui aussi d'une nouvelle cellule, une première dans la conduite des opérations de maintien de la paix. La France et l'Italie parviennent à persuader le DOMP qu'il lui faut adopter une organisation semblable à ce que l'on connait pour les opérations militaires menées par l'OTAN et l'Union européenne. On y trouve au sommet de la hiérarchie deux grands responsables : le commandant de l'opération (COPER), qui ne siège pas sur le théâtre d'opérations mais dans une capitale, grand centre de décision ; et un commandant de la force (COMANFOR) qui conduit les opérations sur le terrain. Le premier, à la charnière entre le politique et le militaire, occupe une position éminemment stratégique. Il oriente constamment le COMANFOR par ses directives et reçoit évidemment ses comptes-rendus. Dans le cas de la FINUL, le COPER sera en fait un petit état-major, doté de toutes les fonctions principales d'un tel organisme, qui ira s'établir à New York. Mais il pose problème car le Directeur des opérations de maintien de la paix a déjà un Conseiller militaire, le général de corps d'armée Randhir Kumar Mehta (Inde), à la tête lui aussi d'une structure traitant des opérations militaires. C'est lui mon véritable chef dans ce domaine, et il craint de voir la FINUL lui échapper au profit de cette nouvelle Cellule militaire stratégique (SMC). La France et l'Italie ont obtenu gain de cause pour sa mise en place contre la promesse d'un effort majeur en effectifs pour la nouvelle Force. Ces deux pays se retrouvent ainsi comme les pourvoyeurs de troupes les plus importants, l'Italie détenant de loin le premier rang.

L'installation de la SMC va être laborieuse. Elle est commandée par le général de corps d'armée Giovanni Ridino (Italie), avec comme adjoint le général de brigade François Estrate (France), ce qui reflète bien l'implication de ces deux pays présents à la FINUL depuis très longtemps. Comme toute innovation au sein d'une institution déjà bien établie, qui a ses habitudes et rechigne à en changer, les nouveaux venus ont quelques difficultés à se faire une place. Ils découvrent l'organisation de l'ONU à New York, ce qui ne leur facilite pas la tâche. En particulier, le système logistique leur est totalement étranger, mais bien huilé, et peut tout à fait se passer de leur concours. Il est aisé et tentant de les tenir à l'écart, voire de leur poser des chausse-trappes. D'autant plus que cette cellule n'est pas intégrée dans la chaine de commandement, mais y reste en marge : elle peut me conseiller mais ne peut pas me donner d'ordres. Mal acceptée, la SMC doit se bâtir sa mission et surtout la faire admettre par les interlocuteurs dont elle a besoin au sein du quartier général. Petit à petit, elle parviendra à se faire une place grâce à la diplomatie et à la patience de son chef. Pour nous elle devient une liaison supplémentaire entre le Directeur des opérations de maintien de la paix et nous-mêmes, capable de nous traduire en termes militaires les orientations données par les politiques à New York, et, à l'inverse d'expliquer d'une manière accessible à ces derniers nos préoccupations sur le terrain. Mais ce n'est pas un intermédiaire. Chef de mission avant d'être commandant de la force, j'ai un accès direct au plus haut niveau politique de l'ONU. Cependant, le soutien de la SMC est pour moi un atout supplémentaire appréciable dans le domaine purement militaire, surtout pour la planification. Située entre les politiques qui décident de la stratégie à suivre, et la Force qui mène les opérations, c'est la SMC qui va réfléchir et s'efforcer de trouver des solutions aux problèmes qui se posent au plus haut niveau. Ses propositions seront toujours les bienvenues et pourront être déclinées au niveau de la Force, à Naqoura, par la solide équipe de spécialistes qui m'a été accordée.

La SMC se révèle également très précieuse pour l'élaboration des règles d'engagement qui vont nous permettre d'agir sur le terrain. Selon la résolution 1701, le Conseil de sécurité « autorise la FINUL à prendre *toutes les mesures nécessaires*[1] dans les secteurs où les forces sont

1. Soulignés par l'auteur.

déployées et, *quand elle le juge possible dans les limites de ses capacités*, à veiller à ce que son théâtre d'opérations ne soit pas utilisé pour des activités hostiles de quelque nature que ce soit, à résister aux tentatives visant à l'empêcher par la force de s'acquitter de ses obligations dans le cadre du mandat que lui a confié le Conseil de sécurité ». Bien que nous soyons sous Chapitre 6 (l'explication du distinguo 6-7 a déjà été donnée), ce texte nous donne réellement les moyens de remplir notre mission. Nos armes ne servent plus uniquement à la protection de nos hommes, de nos installations et des civils mais nous pouvons maintenant les utiliser en cas d'obstacle à la réalisation de la mission. C'est un énorme progrès par rapport à notre résolution fondatrice, la 425, où d'ailleurs rien n'était mentionné avec autant de précision. Nous ne sommes plus cantonnés au seul domaine de l'auto-défense et pouvons désormais mieux imposer la volonté de la communauté internationale et faire respecter la Force. À partir de ces quelques lignes explicites, que j'apprécie tout particulièrement, il s'agit maintenant de définir clairement, pour les acteurs que nous sommes tous, les différentes conduites à tenir sur le terrain en fonction des circonstances. Ce sont ce que nous appelons les règles d'engagement. Elles constituent un éventail d'attitudes et d'actions allant du plus consensuel et du plus souple, explication et incitation, au plus fort et contraignant qui est l'emploi des armes. Pour éviter toute équivoque et surtout des dérapages ces règles doivent être simples, claires, facilement applicables et leur rédaction est une tâche particulièrement délicate. La SMC prend une très large part dans la définition de postures qui soient comprises et acceptées par tous. Acceptées par tous, c'est-à-dire essentiellement par les pays contributeurs car ils sont bien sûr très soucieux de savoir de quelle manière les hommes qu'ils vont confier à la FINUL seront engagés sur le terrain. Des règles un peu trop contraignantes, ou présentant trop de risques peuvent pousser un pays à renoncer à sa participation à l'exécution du mandat. Plusieurs semaines vont d'ailleurs s'écouler avant que nous recevions, le 3 octobre, des règles d'engagement approuvées par New York, tant leur définition a été longue et minutieuse et l'aval des contributeurs tardif.

Les échanges entre Naqoura et New York sont constants dans ces premières semaines post-conflit. Certes nous ne redémarrons pas de zéro mais il nous faut bâtir une nouvelle force tout en adoptant d'emblée une posture différente du passé pour bien faire comprendre que les temps ont changé au Liban-sud. Rapidement le Conseiller militaire nous envoie son Concept d'opérations (CONOPS) qui traduit la manière dont le Quartier général entend que nous remplissions notre mission. Sa perception de la situation est si différente de la nôtre que le projet va faire plusieurs allers et retours avant d'être considéré comme réaliste et adapté. Il en est de même pour le plan de soutien logistique où les besoins apparaissent différents selon qu'ils sont vus des rives de l'Atlantique où de celles de la Méditerranée. De mon côté j'ai déjà entamé la rédaction de notre Plan d'opérations (OPLAN), qui tout logiquement se décline à partir du CONOPS. J'y explique comment j'entends exécuter sur le terrain les différentes tâches qui permettent de remplir la mission. Dès que le CONOPS finalisé et avalisé me parvient, il me suffit de quelques adaptations pour avoir un OPLAN cohérent avec la vision new-yorkaise. Je l'envoie aussitôt au général Mehta pour approbation et, dès réception de son accord, nous rédigeons enfin l'Ordre d'opérations qui fixe sa mission et la manière de la remplir à chacun des éléments qui composent la Force.

Cette phase initiale de mise en œuvre de la résolution est déterminante. Les choix faits maintenant doivent être judicieux car ils engagent l'avenir. Il faut faire preuve tout à la fois de réalisme, de souci du détail et de précision dans la rédaction des ordres. Et aussi de la plus grande rapidité possible car sur le terrain les événements n'attendent pas. La FINUL apparaît comme un véritable laboratoire où se développent de nouvelles manières d'aborder les opérations de maintien de la paix. Une force navale, un PC type OTAN, du « renseignement », une structure intégrant étroitement civils et militaires, une cellule militaire stratégique à New York, autant d'innovations qui témoignent de la volonté de l'ONU de se donner les moyens de la réussite.

La course à la contribution

Heureusement que nous avons déjà des forces sur le terrain, celles d'avant l'été, pour assurer le début de la transition tout en exécutant nos nouvelles tâches. New York a reçu la liste de nos besoins et doit trouver des nations prêtes à nous fournir les unités correspondantes. Le processus est long, les réunions au siège des Nations unies nombreuses. Le DOMP est assailli de questions par les pays qui ne veulent pas s'engager à la légère. Quel est le concept d'opérations, comment est-il envisagé d'exécuter les tâches prescrites, quelle est la liberté d'action des contingents, peut-on adapter telle règle d'engagement pour qu'elle soit compatible avec une législation nationale ? Une fois cette première étape franchie, il faudra mettre sur pied l'unité ad hoc, puis l'acheminer jusqu'au Liban-sud. Finalement, les 6 mois qui me restent ne seront pas de trop pour finaliser cette restructuration !

La concurrence entre les pays est parfois forte car la participation à une force internationale n'est jamais désintéressée. Derrière le dévouement à la défense d'intérêts communs, toujours mis en avant, se cachent aussi des objectifs purement nationaux.

La Chine, la France, le Ghana, l'Inde, l'Italie et la Pologne sont déjà là depuis plus ou moins longtemps et ils entendent rester, voire se renforcer d'une manière significative. Dès la publication de la résolution la France a déclaré qu'elle va doubler son effectif. Malgré l'effet d'annonce, ce n'est jamais que passer de 200 à 400 personnes, ce qui apparait bien peu au regard du plafond autorisé de 15 000 hommes. Ce n'est pas fait pour susciter des vocations chez d'autres États-membres, d'autant plus que Paris se pose en nation fondatrice, parmi d'autres, de cette nouvelle FINUL. Il lui faut montrer l'exemple, et devant le peu d'enthousiasme que la décision suscite le Président de la République, M. Jacques Chirac, fait savoir rapidement qu'il envisage d'accroître le contingent français jusqu'à 2 000 hommes. L'Italie, très prudente, apparaît cependant déterminée et finira par fournir les plus gros effectifs, suprématie qu'elle détient toujours. Je me souviens encore de la visite, le 23 août, d'une délégation italienne conduite par le colonel Filippi. Elle vient s'enquérir de la situation et de la manière dont elle pourrait envisager une participation. Beaucoup de questions bien sûr, mais surtout aucune évocation d'un engagement futur, rien permettant de mieux cerner ses objectifs, ou encore ses possibilités d'action au sein de la Force. Le chef de cette équipe d'investigation, sympathique au demeurant, est dans une position bien inconfortable. Évidemment il ne peut rien promettre, et il essaie de choisir avec un soin extrême ses questions de façon à ne pas dévoiler les visées de son état-major. Je me montre ouvert et conciliant car toute contribution est la bienvenue et il n'est pas question de décourager les bonnes intentions. Ce pays, qui est déjà le premier partenaire commercial du Liban, va prendre le commandement de la Mission. Sa présence est cohérente avec les enjeux de sa politique étrangère en Méditerranée. À la date de mon départ, l'Italie a 2 bataillons d'infanterie déployés en zone d'opérations, et le commandant de la Force ainsi que celui du Secteur ouest sont italiens. Sans compter le détachement d'hélicoptères, qui fait déjà partie de nos doyens. Tout comme le GHANBATT qui reste, même si Accra n'envisage pas une augmentation de ses personnels. La participation aux opérations de maintien de la paix est une longue tradition pour le Ghana, et qui plus est notre Secrétaire général est ghanéen. L'Inde de son côté décide aussi de maintenir son contingent au même niveau soit un bataillon d'infanterie et un hôpital de campagne. Elle avait sérieusement songé à les retirer si la résolution 1701 avait été placée sous Chapitre 7 et non plus sous Chapitre 6. La Chine conserve son bataillon du génie qui nous est indispensable pour la reconstruction, et aussi le déminage. De plus, elle accroît sa participation en déployant un hôpital de campagne. Les Polonais, rompus aux missions logistiques, continuent à irriguer en ravitaillements de toutes sortes l'ensemble de notre domaine.

L'Espagne est un partenaire nouveau et important qui va fournir, en volume, le troisième contingent, derrière l'Italie et la France. C'est la première apparition de ce pays au Liban et il y témoigne de la solidarité des nations européennes face à la crise du Moyen-Orient. L'Allemagne, quant à elle, s'engage fortement dans la mise sur pied de la force navale. Une première aussi dans cette région. Les Finlandais et les Irlandais reviennent au sein d'une unité mixte du génie. Génie aussi pour les Portugais et le contingent belge qui met également en place un hôpital de campagne et compte dans ses rangs quelques Luxembourgeois.

Les Népalais retrouvent eux aussi la terre libanaise, après l'avoir quittée en 2000. Aux côtés de nouveaux venus qui, tous armés de la meilleure des volontés, découvrent une mission sensible dans un contexte loin d'être simple. La Malaisie, la Turquie ou encore l'Indonésie viennent grossir le groupe de nos 30 pays contributeurs. Ces contingents, à forte proportion de musulmans amènent une caution très utile à la Force. Elle apparaît moins comme étant le fruit des initiatives occidentales dans un pays de la Ligue arabe. Certains ont une représentation symbolique mais néanmoins appréciée, comme le Guatemala : 2 officiers à l'état-major, le meilleur moyen d'être bien informé et au fait des rouages d'une mission de l'ONU. Le dernier arrivé sera le contingent sud-coréen, nationalité du nouveau Secrétaire général, M. Ban Ki-moon, oblige.

L'installation des unités est l'occasion pour les pays contributeurs de se mettre en vedette dans la région, et arriver le premier est un signe d'engagement âprement disputé. Le 14 août le Conseiller militaire du DOMP, le général Mehta, m'annonce la mise en place de 200 Français à Naqoura sous 48 heures. Promesse lui en a été faite par un diplomate de la Représentation permanente de la France aux Nations unies et il insiste pour que je les accueille sans retard. J'ai beau lui expliquer qu'il me faut quelques délais, au moins le temps de leur trouver un abri sûr en cas de reprise des hostilités, il ne veut rien savoir et réitère avec fermeté sa demande. Ce bruit de couloir ne prendra heureusement pas corps aussi vite et finalement ce sont 97 légionnaires du 1er Régiment étranger de génie, embarqués sur le *Mistral*, qui arrivent une semaine plus tard au petit port de Naqoura. Un mini 6 juin 44 en Normandie, avec passages d'hélicoptère en rase-motte au-dessus de notre camp qui manquent de provoquer un accident grave avec notre unique hélicoptère MI 8 bien qu'il soit en évidence sur son parking. Il est pourtant clair, et a priori connu, que l'espace aérien dans cette zone est sous notre contrôle. Les journalistes ont été amenés sur le quai peu de temps avant l'arrivée des deux chalands de débarquement et peuvent filmer et rapporter tout à loisir l'arrivée de ces premiers renforts. Ils s'exécutent, abreuvés d'explications sur la situation par un amiral tout juste débarqué du *Mistral* mais dont l'assurance donne l'impression qu'il a toujours été là. Un peu en retrait, je contemple l'attroupement et laisse faire. Peut-être aurai-je une visite de courtoisie de l'orateur avant qu'il ne rembarque.

Arriver dans les premiers n'est pas seulement bon pour l'image de marque mais devrait permettre aussi de s'installer au meilleur endroit. J'ai configuré ma nouvelle zone d'opérations en y définissant les secteurs qui seront occupés au final par les 8 bataillons d'infanterie. Nommons-les tout simplement « bataillon », ne rajoutant un qualificatif, tel « bataillon du génie » par exemple, que pour les unités spécialisées. La priorité sur le terrain est de faire occuper en premier la poche de Tyr, vide de toute présence de la FINUL. En cas de crise et d'évacuation, avec son ouverture sur la mer, c'est bien sûr le secteur le plus favorable et donc le plus convoité. Je décide qu'il sera attribué au premier qui sera en mesure d'en assurer le contrôle d'une manière satisfaisante. Ce sont les Italiens qui débarquent avec leurs véhicules d'assaut amphibies les 2 et 3 septembre. Leur ITALBATT est formé d'un nouveau régiment constitué à partir du Régiment d'infanterie de marine San Marco et du Régiment lagunaire Serenissima, héritier des troupes embarquées de la République de Venise. Ils ont préparé un débarquement de vive force sur la plage au sud-est de Tyr et j'ai beaucoup de mal à les convaincre qu'il leur faut revoir leurs intentions. En effet, la cessation des hostilités est respectée et l'Armée libanaise est présente et en mesure de leur assurer un dispositif de protection. Il ne s'agit pas de débarquer dans une région en guerre, mais de s'installer en coordination avec les forces nationales déjà en place. Ces intentions, louables pour des soldats, mais décalées par rapport aux réalités montrent bien la différence de perception entre ceux qui sont loin et ceux qui sont sur le terrain. L'Armée libanaise fournira d'ailleurs une sécurité tout à fait appropriée, et ceci jusqu'à ce que les Italiens aient rejoint leur zone de stationnement initiale. Elle détachera également en permanence un officier de liaison auprès du bataillon.

L'utilisation de troupes amphibies semble faire école puisque l'Espagne envoie son infanterie de marine, équipée d'ailleurs d'engins identiques à ceux des Italiens, des AAVP7-A1 de fabrication américaine. Ils procèdent également à un débarquement sur la plage de Tyr, le 15 septembre, et s'enfoncent vers l'intérieur pour occuper dans un premier temps un secteur plus central, autour de At Tayyabah. Ils y seront par la suite relevés par le Bataillon indonésien et pousseront encore vers l'est pour prendre la responsabilité d'une zone allant de Marjayoun à Kafr Kila.

Les Israéliens me font savoir qu'ils ne souhaitent pas avoir de bataillon d'infanterie à forte proportion de musulmans déployé au contact de la Ligne bleue. Une telle demande n'est pas compatible avec les principes de l'Organisation, et bien au contraire, je fais en sorte que tous les pays qui fournissent ce type d'unité aient sous leur responsabilité une partie de cette limite sud de notre zone d'opérations. Chaque bataillon, quelle que soit sa nationalité, doit partager la mission commune. Cela ne posera par la suite aucun problème de cohabitation.

Heureusement les nouveaux venus ne se présentent pas tous en même temps et chaque nouvelle arrivée entraîne forcément une nouvelle répartition des secteurs où se déployer. Les plus favorisés sont les Indiens qui ne bougeront pas de l'extrémité orientale de notre zone. L'échelonnement des arrivées est le bienvenu car il faut trouver de la place pour permettre aux unités de s'installer. Il incombe normalement aux autorités libanaises de nous fournir les emplacements nécessaires mais leur coopération dans ce domaine est quasi nulle. Ils ne trouvent pas de propriétaires disposés à leur prêter des parcelles contre indemnité. Et pour cause ! Tout le monde connaît ici le contentieux en cours depuis l'installation de la FINUL en 1978. À cette époque, nombreux sont ceux qui ont accueilli sur leurs terres des éléments au béret bleu. Des positions en dur ont été construites, des terres cultivables transformées en dépôts ou postes de commandement, des voies d'accès ouvertes. Et jusqu'à ce jour personne n'a reçu la première livre libanaise des indemnités dues par l'État. Qui pourrait donc être enclin à renouveler l'expérience ? Aussi chaque pouce de terrain se dispute âprement. Il y a même des signes d'énervement et une mauvaise volonté évidente de la part de nos hôtes. À Marakah, où ils doivent installer un PC de bataillon, les Italiens ne se voient proposer par les autorités locales que la zone de la décharge municipale. Je fais tout pour qu'ils refusent. Mais pressés par le temps et les contraintes du déploiement ils finiront par accepter ce que je trouve à la limite du tolérable. Au prix de gros efforts ils s'aménageront des cantonnements corrects. Ils pourront ainsi quitter leur emplacement initial de Dayr Kifa, ancien poste de la Force de réaction mobile (FMR), où doit s'installer d'urgence une partie du Bataillon français encore à Beyrouth. Ils laissent à contrecœur des infrastructures en dur pour se redéployer dans un village de tentes où tout est à faire. Cette véritable crise du logement en amène certains à évoquer, dans les popotes, l'utilisation du chausse-pied ! Pour secouer l'indifférence des autorités libanaises j'en viens à leur dire que je vais être obligé de retarder la mise en place de certains contingents. La réaction est loin de mes attentes, même si je n'ai guère d'illusions sur le succès de la démarche. Aucune nouvelle proposition de terrain. Cette situation n'épargne pas Naqoura où les officiers d'état-major arrivent en grand nombre, et parfois sans être annoncés. Certains devront coucher quelques temps dans des couloirs avant de pouvoir bénéficier d'un logement décent. Ils sont pourtant tous bienvenus parmi nous et se mettent au travail sans tarder. En particulier, me voici enfin doté d'un chef d'état-major, le général de brigade

Philippe Stoltz (France). Marsouin[1] d'une grande expérience, il va véritablement faire sortir d'un quasi néant notre nouvelle structure de commandement. Son poste à la FINUL avait été supprimé avant mon arrivée et malgré plusieurs demandes pressantes je n'avais jamais pu obtenir qu'il soit recréé. Nous avons vécu tout le conflit sans cet élément indispensable à tout état-major pour lui permettre de fonctionner avec cohérence. Il en est le chef d'orchestre et son absence se faisait cruellement sentir.

Il n'est pas facile pour le DOMP d'obtenir toutes les unités souhaitées pour satisfaire au format projeté pour la Force. Beaucoup de pays ont une attirance prononcée pour les formations au caractère humanitaire marqué, comme le Génie qui participe à la reconstruction et au déminage, ou le Service de santé avec ses médecins et ses hôpitaux. Il est vrai que l'image de marque est alors plus séduisante et passe mieux dans les medias qu'avec des unités de combat. C'est aussi le moyen de se créer moins d'inimitiés avec les populations en paraissant plus coopératif et très peu coercitif. La notion de force est en partie occultée, l'aide et le soutien aux populations plus faciles à mettre en exergue, et c'est ce qui se vend le mieux. Par ailleurs, les risques de se heurter à des éléments hostiles de la population sont bien moindres. Les propositions dépassent de loin les besoins et nos correspondants new yorkais doivent se montrer diplomates pour ne pas décourager les bonnes volontés.

De même, un pays qui accepte de fournir une unité pourtant bien définie arrive parfois à imposer des moyens qui n'étaient pas demandés initialement. Le 30 août, comme tous les matins, j'écoute les informations de Radio France International. J'y entends le ministre de la Défense français, Mme Michèle Alliot-Marie, déclarer que la France a décidé de participer d'une manière « robuste » à la nouvelle FINUL et qu'elle va y envoyer des chars Leclerc, des canons automoteurs de 155 mm. ainsi que des missiles antiaériens. Je le découvre et suis étonné de la mise en place de matériels que nous n'avons pas réclamés, et dont nous ne sommes pas avertis. New York me confirme la nouvelle dans l'après-midi et me demande de faire preuve de souplesse et de m'adapter. Mon état-major reprend donc sa copie et finit par trouver des missions cohérentes pour ces unités inattendues. Le char Leclerc est surtout connu pour son canon et la qualité de son système de tir. Certes son poids et son encombrement ne sont pas idéaux pour les petites routes libanaises, mais c'est par ailleurs une remarquable plate-forme d'observation qui permet de voir loin de jour comme de nuit. Ces nouveaux yeux auront

1. Soldat des Troupes de marine.

de quoi être utilisés. De même, les radars des artilleurs vont renforcer nos capacités de surveillance. Les Israéliens font vite la relation, justifiée ou non, entre la mise en place des systèmes antiaériens Mistral et les violations quotidiennes de l'espace aérien libanais qui leur sont reprochées. Ils considèrent cette initiative comme une provocation et le manifestent à leur manière le 31 octobre. Je visite pour la première fois le Bataillon français à son PC de Dayr Kifa. Alors que son chef, le lieutenant-colonel de Cevins, me fait une présentation de la situation dans la tente qui lui sert de poste de commandement, il est brusquement interrompu par un bruit assourdissant. C'est un chasseur F-15 israélien qui vient de faire un simulacre d'attaque sur le camp. Il fait partie d'une patrouille de deux appareils. Son équipier, qui est en surveillance, orbite au-dessus de la zone pendant que lui-même pique sur son objectif puis redresse au tout dernier moment. Les appareils ont été pris en compte par le radar de la batterie antiaérienne dès leur franchissement de la Ligne bleue et les servants des missiles ont promptement rejoint leur poste. Face à l'attitude menaçante des Israéliens ils sont à leurs pièces, prêts, et il s'en est fallu de très très peu qu'ils n'ouvrent le feu. Une question de seconde. L'avion était entré dans l'espace, la bulle, où il est considéré comme dangereux et doit faire l'objet d'un tir. Mais les artilleurs ont eu le cran d'attendre le tir de l'agresseur avant de déclencher le leur. Il n'a pas eu lieu et le sang-froid des Français a permis d'éviter une véritable catastrophe. Si l'appareil avait été abattu, la riposte israélienne aurait sûrement été très lourde et n'aurait peut-être pas seulement concerné le seul Bataillon français. C'est l'existence-même de la FINUL qui risquait d'être remise en cause. Certains m'ont par la suite reproché de ne pas avoir fait tirer. Mais je reste convaincu que, même si j'étais en droit de le faire face à cette provocation totalement irresponsable, l'enjeu était trop lourd de conséquences pour que je ne prenne pas le risque d'attendre d'abord que l'Israélien aille jusqu'au bout de son action.

Tous ces moyens lourds n'étaient pas ceux que je souhaitais en premier car je dois surtout, et dans l'immédiat, assurer correctement le contrôle de ma zone. Heureusement, les Français disposent aussi de compagnies d'infanterie mécanisée, bien adaptées à cette tâche. En plus, ils intègrent dans leur dispositif une compagnie d'infanterie qatarienne, conséquence de l'excellence des relations militaires entre les deux pays. Le chef du bataillon se retrouve ainsi à la tête d'une unité hybride, ce qui n'est jamais d'un commandement facile. D'une part, il a la responsabilité d'un large secteur à occuper et patrouiller en permanence, d'autre part il est responsable de l'embryon d'une force de réaction rapide qui doit être prête à soutenir à tout moment une unité en difficulté. Pourquoi un tel choix ? Bien sûr ce déploiement de force impressionne, mais peut-être faut-il également y voir une recherche d'adéquation avec ce qui est disponible en l'instant, car la France est aussi engagée sur plusieurs autres théâtres de par le monde.

Le retrait israélien et le déploiement de l'Armée libanaise

Les Libanais ont hâte de rétablir leur souveraineté sur l'ensemble de leur territoire, ils s'y sont d'ailleurs engagés en acceptant la résolution. Mais les Israéliens ne sont pas disposés à vider les lieux immédiatement. Ils occupent environ les deux tiers de l'espace entre le Litani et la Ligne bleue. Et avant de partir, ils veulent ramener en Israël leurs matériels détruits et surtout démanteler le maximum d'installations du Hezbollah. Nous devons donc, puisque la résolution 1701 nous en charge, établir un mécanisme permettant aux militaires libanais de prendre progressivement le contrôle du terrain abandonné par leurs homologues israéliens.

Nous mettons très vite sur pied un comité tripartite qui va se réunir dès le 16 août, puis en tant que de besoin, à notre position 1-32A de Ras Naqoura. Les Israéliens, conduits par le général Udi Dekel, n'ont qu'à ouvrir le portail de leur clôture et faire à pied une centaine de mètres pour venir siéger dans ce qui est le logement du chef de ce poste ghanéen. Ils y sont attendus par la délégation militaire libanaise avec à sa tête le général Abdulrahman Shehaitly. J'arrive toujours le premier pour accueillir nos hôtes en terre onusienne et les faire s'installer à deux grandes tables disposées en long et qui se font face, mais séparées par un espace suffisant. Pour notre part, nous formons la base de ce U. Pas de serrements de mains entre les représentants des parties, tout juste un rapide bonjour lorsqu'ils pénètrent dans la salle à manger transformée en salle de conférence. Durant les échanges, personne n'adresse directement la parole à ceux d'en face. Ils passent systématiquement par moi qui relaie la question, ou la réponse, d'une table à l'autre. Il faudra très longtemps avant que l'ambiance ne se dégèle et que les relations deviennent plus directes. Mais la routine aidant, comme les interlocuteurs sont toujours les mêmes, et que parfois l'envie de réagir s'avère trop forte, certains se laisseront surprendre à parler directement à l'adversaire. Petit à petit les arrangements avec les principes seront plus fréquents, et bien sûr je laisserai faire. Mais dès que les échanges revêtiront un aspect important, ou officiel, je serai ramené à mon rôle d'entremetteur. Encouragés par ces progrès, nous décidons au bout de quelques semaines de ne disposer qu'une seule grande table en long de manière à ce que les délégations puissent se faire face en s'installant de chaque côté. Hélas, nous avions péché par excès d'optimisme. À leur arrivée, les deux chefs de délégation exigent de revenir aux errements antérieurs, sous peine de repartir aussitôt. Un peu penaud je fais reprendre le dispositif en U. Dans cette région, il est toujours très important de respecter les apparences et cette réaction nous l'a rappelé à nos dépens. Les discussions n'en furent pas affectées pour autant.

Il nous faut établir un mécanisme permettant aux Israéliens de se retirer et d'être remplacés par des soldats libanais sans que jamais les uns soient au contact direct des autres. Penchés sur nos cartes, nous divisons le terrain occupé par Tsahal en secteurs de taille réduite, en accord avec les souhaits des uns et des autres. Puis nous faisons un tirage du document qui devient la référence pour tous. Lorsqu'Israël quitte un secteur celui-ci est immédiatement occupé et contrôlé par une unité de la FINUL, afin d'être certain que les partants n'ont pas laissé de pièges ou de présence humaine. Puis, vérifications faites, l'unité au béret bleu y accueille l'Armée libanaise et se retire pour aller occuper une autre zone-tampon. Il nous faut en moyenne deux à trois jours pour prendre en compte un secteur, puis le passer à ses propriétaires. Le processus est lent mais fonctionne correctement. Ce sont finalement les Israéliens qui dictent le tempo et ils le font en fonction des destructions qu'ils tiennent à effectuer, des caches de munitions hezbollah qu'ils vident. Ce n'est que le 1er octobre, veille du Yom Kippour [1], que leur évacuation sera terminée et que l'Armée libanaise sera présente jusqu'aux abords de la Ligne bleue, après plus de 25 ans d'absence. À l'exception du village de Ghajar dont Tsahal continue à occuper la partie située au nord de la Ligne bleue. Cette lenteur délibérée est aussi un moyen de chantage pour pousser d'une part les pays contributeurs à accélérer l'envoi de leur contingent, et d'autre part forcer l'Armée libanaise à respecter son annonce en terme d'effectifs à déployer au sud du Litani. Les Israéliens se retirent quand ils estiment que les Libanais et nous-mêmes avons des moyens suffisants pour assurer la sécurité dans les zones restituées, c'est-à-dire selon eux, les maintenir vides de tout combattant du Hezbollah. L'Armée libanaise met finalement en place la valeur de 4 brigades. Cet ensemble passe aux ordres du général de brigade Paul Mattar qui installe son PC à Tyr. Grâce à son ouverture d'esprit et sa volonté affirmée de coopération, des relations de confiance vont s'établir entre ses soldats et nous. Très vite nous travaillerons ensemble et partagerons très étroitement l'exécution du mandat. La bonne volonté libanaise est palpable malgré un matériel vieillissant et des moyens réduits.

La population libanaise qui est restée sur place semble s'accommoder de la lenteur de ces départs. Par contre, le retour de ceux partis se réfu-

1. « Jour du grand pardon » dans la religion juive.

gier dans d'autres parties du pays est plus problématique. Dès la fin du conflit beaucoup ont repris le chemin du sud. Trop souvent pour découvrir une maison en ruines, des champs ravagés, et parfois des soldats israéliens encore présents. Il nous faut veiller à éviter les heurts, prendre en compte des habitants meurtris et surtout faire en sorte qu'il n'y ait pas de rupture de la cessation des hostilités. Personne ne souhaite arriver à cette extrémité et le gouvernement libanais fait tout son possible pour calmer l'impatience de ceux qui veulent rentrer.

Les réunions tripartites sont également l'occasion d'aborder d'autres sujets que le déploiement libanais. Nous essayons d'établir des communications plus sûres et plus rapides entre les protagonistes, tout en restant les intermédiaires obligés, pour limiter au maximum le risque d'escalade en cas d'incident. La cessation des hostilités est respectée mais l'expérience a déjà démontré, ne serait-ce que le 12 juillet, que la situation peut se dégrader très vite. Pour la première fois un élément de la FINUL va s'établir en Israël. Il s'agit d'une équipe de liaison permanente, composée d'officiers, qui s'installe au siège du Commandement nord de Tsahal, à Zefat. Sa connaissance de la Force et du terrain permettra aux uns et aux autres de mieux apprécier la situation en cas de crise, et ses moyens de transmissions autorisent des liaisons immédiates. Nous ne dépendrons plus du bon vouloir du central téléphonique israélien pour entrer en contact avec nos homologues.

Les Israéliens sont très réticents à l'idée de devoir lever leur blocus maritime et laisser la responsabilité de la surveillance des côtes libanaises à notre force navale et aux trop rares bâtiments libanais. Une liaison étroite et constante entre la cellule navale de notre état-major et la Marine israélienne va permettre de mieux suivre les navires suspects en approche de notre dispositif et de les interroger lorsqu'ils manifestent l'intention de rejoindre un port libanais. Le sérieux et l'efficacité de nos moyens à la mer vont contribuer à rassurer les Israéliens et les convaincre, même si c'est à contrecœur, qu'ils doivent lever leur dispositif d'interdiction.

À chaque réunion les Israéliens cherchent à avoir des nouvelles de leurs deux soldats kidnappés. La réponse libanaise est toujours la même : « cette question est politique et notre délégation n'a pas à en traiter. » Systématiquement, ils déplorent aussi la poursuite de la contrebande d'armes et de munitions en provenance de Syrie au profit du Hezbollah. Bien qu'ils soient toujours très affirmatifs dans leurs allégations, les Libanais leur rétorquent immanquablement qu'ils n'ont rien remarqué de répréhensible à leur frontière. Le général Dekel reconnaît les violations aériennes quotidiennes de son aviation et les justifie par l'absence de progrès concernant les deux points mentionnés ci-dessus, auxquels il ajoute la question du désarmement du Hezbollah, toujours pendante.

Autant de manquements à la résolution 1701 qui, selon lui, autorise le leur. Les Libanais ne sont pas non plus en manque de revendications. Ils réclament régulièrement à leurs interlocuteurs des cartes avec mention des zones minées et de celles où ont été larguées des sous-munitions. Les informations nécessaires leur sont distillées par Tsahal avec une grande parcimonie, mais jamais complètement. Par contre, ils ne sauront jamais si les Israéliens ont utilisé des munitions à uranium appauvri.

Déjà février 2007

Mettre en œuvre la nouvelle résolution, tout en assurant la montée en puissance de nos nouvelles structures, faire aussi face au quotidien avec ses pointes de tension, les journées passent très vite. Et puis, le fait d'avoir trente pays contributeurs entraîne un accroissement exponentiel des visites. Des ministres en charge du dossier venus voir leurs compatriotes, des politiques en campagne électorale et en mal de publicité. Il faut faire avec tous bonne figure car chacun représente une nation qui a bien voulu s'engager pour l'exécution du mandat. Ils méritent des égards, mais en viennent à prendre beaucoup de notre temps. Le summum est atteint avec les fêtes de fin d'année car nombreux sont les responsables qui veulent légitimement partager ces moments avec leurs soldats. À nous de tenter d'alléger les activités opérationnelles tout en continuant à avoir une posture faite de vigilance et de réactivité. Avec tant de personnalités dans la zone il faut aussi prendre des mesures de sécurité particulières qui mobilisent autant d'effectifs supplémentaires. L'expérience aidant, chacun finit par avoir un plan VIP[1] bien rôdé pour gérer ce type de situation en ne cédant rien à l'opérationnel.

L'échéance finale s'approche pour moi à grands pas, mais je n'ai guère le loisir de m'en soucier. Mon successeur sera un officier général italien et son pays souhaiterait, dans un premier temps, qu'il prenne ses responsabilités bien avant que mon séjour officiel ne se termine à la mi-février. Il est censé arriver dès le début de janvier mais sa venue est plusieurs fois retardée. La complexité de la mission inciterait-elle la nation postulante à moins d'empressement ? Finalement la cérémonie de passation de commandement a lieu à Naqoura le 2 février, en présence de nombreux ambassadeurs et de la plupart des autorités civiles et militaires avec lesquelles j'ai travaillé durant 3 ans. À l'exception d'une délégation israélienne ! Et pour cause ! Les choses ont été si vite que je n'éprouve pas encore ni nostalgie ni tristesse. Ce passage de témoin est dans la suite normale des choses et j'ai le sentiment de confier au général

1. Very Important Person (personnalité).

de division Claudio Graziano une nouvelle force tout à fait apte à remplir son mandat. Sa montée en puissance est presque achevée, et elle a déjà enregistré des succès, même si beaucoup reste à faire. Nous avons passé une semaine ensemble, le temps d'un rapide survol de tout ce qui attend le nouveau « force commander », sans compter l'imprévisible. Je prends congé en sachant qu'il n'est pas seul mais épaulé par ceux qui vivent l'aventure depuis plusieurs mois déjà. Je ne les quitte d'ailleurs pas tout à fait puisque je m'envole pour New York où je séjournerai jusqu'au 17 février, terme de mon contrat avec les Nations unies. Le temps de rédiger mon rapport de fin de mission

Je laisse une FINUL qui a toutes les raisons d'être encore présente au Liban-sud. Les avancées qu'elle a su provoquer sont certes appréciables, mais elle doit poursuivre ses efforts sans relâche pour que son mandat soit réalisé dans sa plénitude. Elle doit rester opiniâtre, forte et déterminée, mais ne peut progresser sans la coopération et la bonne volonté des parties.

Le sort des 2 soldats israéliens kidnappés est toujours inconnu. Le Hezbollah se refuse obstinément à donner le moindre indice qui puisse rasséréner un tant soit peu leurs parents et leur pays. Le gouvernement libanais a-t-il, de son côté, quelques informations ? Rien n'est moins sûr, mais toujours est-il que son mutisme est complet. Peut-être pour ne pas avoir à avouer qu'il n'est pas le maître du jeu et qu'il reste, sur ce dossier, sous la totale dépendance de ceux qui ont mis Tsahal à genoux. L'échange de ces 2 prisonniers contre des Libanais détenus en Israël n'est pas encore d'actualité.

La résolution ambitionne de parvenir à l'établissement d'un cessez-le-feu permanent entre Israël et le Liban. La route devrait être encore bien longue avant d'y arriver et pour l'instant il n'existe qu'une cessation des hostilités. Chacun est convenu de ne pas faire pénétrer d'élément armé dans la zone entre Litani et Ligne bleue et de ne pas engager d'action offensive. C'est un accord ne comportant aucune signature entre les parties, tout juste une acceptation des conditions proposées par Kofi Annan immédiatement après la publication de la résolution 1701 et appliquées au matin du 14 août. La situation est dans l'ensemble calme, la sécurité assurée, mais elle reste fragile avec aucune règle de coordination, ni de contrôle officiellement agréée par les parties. Il incombe à la FINUL de pallier ces insuffisances en attendant mieux. Le minimum est assuré avec une liaison permanente et immédiate tant avec les Israéliens que les Libanais.

Le Hezbollah s'est apparemment retiré au nord du Litani. Tout du moins, il n'a plus de combattant armé dans notre zone d'opérations. Mais ça ne l'empêche pas d'y être très présent. Il n'est pas qu'une milice mais également un parti, acteur reconnu de la vie politique libanaise. Il a ses députés, ses ministres, des villages sont dirigés et gérés par ses membres tout comme des écoles ou des hôpitaux et dispensaires. Et cette partie émergée de l'iceberg a forcément des contacts avec les Bérets bleus. Même s'ils sont limités au strict nécessaire. Les combattants sont aussi là, de retour dans leurs foyers où ils ont remisé leurs armes individuelles. Comment les distinguer du reste de leurs compatriotes ? Sûrement pas par l'uniforme qu'ils ne portent pas. Par contre, dans leur grande majorité, les armes lourdes, les missiles et les roquettes ont été évacués. D'ailleurs Hassan Nasrallah le confirme dans son discours du 16 février 2007 : « le Parti de Dieu a reporté son dispositif au nord de notre territoire et dispose de 20 000 roquettes. » Il fait par ailleurs clairement comprendre qu'il n'a pas l'intention de s'en prendre à la FINUL tant que celle-ci restera cantonnée à sa zone d'opérations et ne s'occupera pas de ce qui se passe hors de chez elle. Il sait parfaitement jouer avec les limites de notre mandat. Lui, de son côté, est très bien renseigné sur le quotidien dans notre zone. Il y dispose de centaines de paires d'yeux, de sympathisants qui suivent et photographient l'évolution de notre dispositif. Ils sont capables de rendre compte de tout incident grâce à un réseau de communications très élaboré auquel on ne peut toucher car il est totalement imbriqué avec le réseau téléphonique national libanais. Eux aussi surveillent en permanence la Ligne bleue, mais certainement pas avec les mêmes intentions que nous.

Le Parti de Dieu a banni pour l'instant toute action contre Israël à partir de notre zone d'opérations car il a pour priorité des objectifs purement nationaux : conforter, voire améliorer les positions acquises sur l'échiquier politique libanais. Et pour cela il n'a nul besoin de se créer des problèmes supplémentaires avec la FINUL en contrevenant aux termes de la résolution, au sud du Litani. Une coexistence, aux intérêts bien compris, s'est ainsi établie. Mais pour combien de temps ?

Maintenant que nous avons pris en compte la poche de Tyr nous comptons dans notre zone plusieurs camps palestiniens. À 3 kilomètres au sud de la ville, sur la côte, c'est Ar Rashidiyah et ses 30 000 habitants. Al Buss (10 000 habitants) est dans la cité, en bordure des magnifiques ruines de l'antique Sour, et Burj ash Shamali (20 000 habitants) s'étend à sa sortie est. Des vagues successives de réfugiés, chassés de Palestine, sont venues s'y entasser depuis 1948. Les premiers nés ici sont maintenant largement cinquantenaires. Ils n'ont rien connu d'autre que des conditions de vie précaires, soumis à l'assistanat international, avec aucun avenir professionnel dans un Liban qui refuse de les intégrer, et une nationalité qui se résume au statut d'apatride. Ces ghettos sont de véritables bombes à retardement où évoluent et recrutent tout à loisir des mouvements extrémistes comme le F.P.LP.-C.G. et le Fatha-Intifada. Ils peuvent servir de base à leurs équipes qui, depuis notre zone, lancent parfois des roquettes sur les villages israéliens immédiatement au sud et à l'est de la Ligne bleue. Malgré notre vigilance, et aussi celle du Parti de Dieu qui n'a aucun intérêt à ce que telles actions fassent douter la population de l'efficacité de son contrôle sur la région, ils parviennent à s'infiltrer pour rejoindre des lieux où ils jouissent de complicités et d'où ils peuvent tirer. Les Israéliens font preuve de la plus grande des retenues tant qu'ils n'ont pas de victimes, mais on ne peut jamais préjuger de leur réaction. Empêcher de tels éléments armés de battre en brèche la résolution est un véritable défi et nous ne sommes pas de trop, avec nos voisins de l'Armée libanaise, pour le relever en permanence.

En contrepoint, malgré la constance des protestations des représentants de l'ONU, à tous les niveaux, et parfois de hauts responsables nationaux, les violations aériennes israéliennes se poursuivent. La FINUL n'a pas les moyens techniques de les empêcher, pas plus que l'Armée libanaise. Les avions volent très haut, hors de portée d'un éventuel missile, et les drones offrent des cibles bien trop petites pour une mitrailleuse ou un canon antiaérien libanais. Tel-Aviv tente de justifier ses survols quotidiens par les manquements libanais à l'exécution de la résolution. Ce sont la plupart du temps des vols d'observation, mais ils peuvent aussi tourner à l'intimidation et la provocation en fonction des circonstances et sur des sites toujours bien choisis : discours d'une autorité libanaise, date anniversaire, commémoration sur un lieu de souvenir.

Sur le terrain, par contre, la Ligne bleue est respectée et rares sont les incidents. Il y en a cependant et la cohabitation ne pourra s'améliorer qu'avec beaucoup de temps. Il arrive que les militaires israéliens prennent pour cible un Béret bleu ou un civil libanais avec le système de visée laser de leur arme. De quoi lui faire comprendre, avec ce point rouge se déplaçant sur sa poitrine, qu'ils le tiennent réellement au bout de leur canon. De l'autre côté, ça peut être un berger libanais qui fait délibérément paître ses moutons au sud de la Ligne bleue, sur une terre qui lui est désormais interdite bien qu'elle lui appartienne. Sa propriété a été coupée en deux par le tracé de l'ONU et il veut marquer son exaspération. Mais il risque un tir israélien, qui peut toujours engendrer une nouvelle escalade. Les contrebandiers continuent à sévir et essaient de poursuivre leurs activités illicites de part et d'autre de la clôture, donc de la Ligne bleue toute proche : le haschich de la Bekaa va enrichir les trafiquants druzes israéliens. Nos nombreuses patrouilles, et celles des militaires libanais, permettent de limiter ce genre d'écarts.

Pour éviter ces incidents de franchissement nous avons essayé de mieux matérialiser la Ligne bleue sur le terrain. Nous avons proposé aux deux pays de disposer de hautes bornes peintes en bleu, bien visibles, en commençant par les endroits les plus sensibles, de manière à ce que tout le monde ait bien conscience qu'il s'apprête à violer une ligne interdite. Le Liban montre très peu d'enthousiasme car il craint que la matérialisation de cette limite ne soit assimilée à une frontière. Un précédent ainsi créé rendrait ses revendications sur les parties qu'il conteste encore plus difficiles à faire triompher. Ghajar en est l'exemple le plus connu, mais bien loin d'être le seul. Israël accepte aussi notre initiative, mais du bout des lèvres. La mise en place de chaque repère donne lieu à de longues discussions. Israéliens et Libanais n'ont pas les mêmes systèmes de coordonnées géographiques, et l'ONU vient y ajouter le sien ! Mais enfin, le principe est agréé, les premières bornes sont déjà en place. Il n'y a plus qu'à persévérer.

Bien sûr il reste beaucoup à faire et mon ami Claudio va avoir de quoi s'occuper. Mais je pense qu'en à peine 6 mois nous avons pu poser les jalons d'une amélioration sensible de la situation dans la zone qui nous est confiée. L'Armée libanaise est maintenant bien là et par sa présence active elle a regagné la confiance de la population. Elle a réparti ses effectifs sur 142 positions dont 114 points de contrôle. 45 d'entre elles sont établies à proximité immédiate de la Ligne bleue, face à Tsahal. Elle ne déploie finalement que 8 000 hommes, sur les 15 000 envisagés au départ, mais malgré toute sa bonne volonté elle ne peut guère faire mieux. C'est une petite armée d'une soixantaine de milliers d'hommes et elle consacre dans le même temps un effectif de 8 000 hommes à la surveillance de sa frontière avec le Syrie. De plus, elle participe à la sécurité intérieure du pays et c'est toujours elle qui est sur la brèche en cas de troubles. Mais elle parvient à assumer et elle est active y compris dans notre zone. Ses patrouilles sont fréquentes, de jour comme de nuit, et nos demandes d'intervention ne restent jamais sans réponse. Nous avons établi une coopération très étroite, empreinte d'une confiance qui commence à porter ses fruits. Nous apprenons à mieux nous connaitre par l'intermédiaire des officiers d' « Al Jaych »[1] détachés au QG de Naqoura, des officiers de liaison dans nos bataillons, des séances d'instruction et d'entrainement que nous proposons, et nous avons même commencé à mener des opérations conjointes. Lorsque nous découvrons des caches d'armement ou de munitions, plus rarement des civils armés, nous appelons les militaires libanais qui prennent aussitôt à leur compte la mission de récupération des matériels ou de désarmement des individus. Parfois cela n'est pas sans risque car nous empiétons là sur un domaine que la « Résistance » entend ne pas se voir disputer. Le 5 décembre, dans la région de Kafr Shuba, le Bataillon espagnol découvre un dépôt de roquettes et d'obus de mortier, bien camouflé, en pleine nature. La nuit survenant rapidement, l'unité se

1. « Armée » en libanais.

retire pour revenir sur les lieux dès le lever du jour. L'Armée libanaise a été informée. Le matin suivant, alors que ceux qui ont fait la découverte la veille approchent de la cache, ils trouvent sur les itinéraires d'accès 5 pièges à base de grenades et de mines. Avec beaucoup de précaution, ils parviennent à les neutraliser. Les propriétaires des munitions étaient revenus dans la nuit dans le but évident de causer des pertes à ces soldats un peu trop curieux.

De 2 000 militaires en juillet, nous sommes maintenant passé à un effectif de 12 450, dont 1 750 marins à la MTF. Depuis sa création cette force navale a contrôlé plus de 3 000 navires, dont 10 suspects confiés aux autorités libanaises pour être inspectés. Elles ne trouveront que des cigarettes de contrebande. Les bâtiments au pavillon bleu interviennent aussi à l'occasion de 2 naufrages et parviennent à sauver la vie de 18 marins. Nous conservons nos 51 observateurs de l'ONUST qui continuent à nous apporter un renfort essentiel. Les effectifs civils ont augmenté d'une manière significative : 473 personnes dont 310 employés libanais pour un plafond autorisé de 1 078 dont 668 Libanais. Leur nombre va encore s'étoffer. Les constructions se multiplient et nous avons maintenant 63 cantonnements et 150 postes d'observation. Nous effectuons 400 patrouilles par 24 heures, ce qui signifie que des unités se déplacent en permanence sur le terrain.

L'ensemble de la force s'est réorganisé, son état-major s'est très sensiblement étoffé, ses compétences ont été élargies et il ne se cantonne plus à l'exécution du quotidien. Il est capable de planifier son action à moyen terme. Il est aussi en mesure d'exécuter notre mandat d'une manière plus globale grâce à une meilleure synergie entre militaires et civils de l'ONU. Certes, le côté militaire reste prédominant mais l'humanitaire et l'aide aux populations civiles connaissent un développement sans précédent. En grande partie en raison de l'accroissement du nombre de pays contributeurs de troupes, ce qui multiplie d'autant les initiatives au profit des habitants de la région.

Mais, par ailleurs, nous sommes bien conscients qu'une telle présence est lourde pour la population. La méfiance vis-à-vis du nouvel arrivant, le dérangement provoqué par un voisin encombrant et bruyant, les quelques dégâts matériels qui peuvent être occasionnés : autant de raisons données à ceux que nous gênons pour qu'ils incitent en sous-main les résidents à contester notre présence. Les patrouilles motorisées subissent parfois des jets de pierre. Le phénomène, cependant rare, est essentiellement le fait des enfants. Un mokhtar viendra protester parce que le bruit des chars traversant son village la nuit réveille et fait pleurer les bébés. Un autre qui aura eu une bordure de trottoir endommagée par un coup de chenille maladroit, ou une conduite d'eau écrasée par le poids d'un blindé demandera réparation immédiate. Il refusera généralement que nos sapeurs interviennent et exigera un dédommagement en espèces sonnantes et trébuchantes. Sans succès. Nous reconstruirons. Incident plus significatif, mais heureusement cas presqu'unique : les autorités de Bint Jubayl s'opposent un jour catégoriquement à ce que l'équipe médicale du Bataillon français ouvre son dispensaire itinérant aux villageois. Nos praticiens s'en iront, dépités, le temps que cette mauvaise manière soit réglée par les autorités libanaises avec excuses de l'édile indélicat. Les médecins reviendront peu de temps après, et l'accueil sera alors particulièrement chaleureux et les patients nombreux !

Ce genre d'incident pose tout le problème de l'action humanitaire. Celle-ci représente une part importante de nos activités et c'est un bon moyen pour « gagner les cœurs ». La FINUL a dans son budget de quoi réaliser des « projets à impact rapide » (Quick impact project). C'est le Bureau des affaires civiles qui définit et assure le suivi de la réalisation de ces chantiers destinés à améliorer la vie des communautés : construction d'un réservoir pour recueillir les eaux de pluie, rénovation d'une école, aménagement des accès à une localité,... En plus, de leur côté les pays contributeurs ont leur propre programme qu'ils financent. Le commandement de la Force essaie de coordonner leurs actions, mais son efficacité est toute relative car soumise à la compréhension et la bonne volonté de chaque nation. Un budget national autorise une totale indépendance dans le choix des objectifs, et parfois la cohérence globale en souffre, y compris au niveau du discours politique qui n'est plus celui de l'ONU. Bien évidemment toute cette aide est appréciée mais elle doit être apportée avec un grand discernement. Tout d'abord il ne faut pas se poser en concurrent d'un autre acteur social, libanais cette fois-ci, au risque de lui faire perdre la face. Nous l'avons nettement senti avec le Hezbollah, en particulier. L'incident du dispensaire de Bint Jubayl évoqué précédemment en est une des manifestations. Par nos actions nous réduisons la dépendance des locaux vis-à-vis de son organisation sociale et pourrions ainsi porter atteinte à son autorité et sa prédominance dans la région. Aussi, d'une manière générale, nous nous efforçons d'agir plutôt en complément des initiatives locales. Par ailleurs, nous devons aussi éviter de nous substituer aux responsables nationaux qui pourraient être enclins à se désintéresser d'une région où nous apportons beaucoup. Moins ils seront présents et actifs et plus il nous sera difficile d'instaurer un retour à une situation normale avec un engagement à niveau de l'État.

Le déminage fait aussi partie de nos missions humanitaires et nous y consacrons le maximum de moyens en liaison avec d'autres services spécialisés de l'ONU ainsi que des acteurs libanais. Outre les mines laissées lors des différents conflits, les Israéliens viennent d'enrichir ces champs de la mort de 34 millions de mètres carrés où il y a environ un million de sous-munitions. Seulement dix pour cent de cette surface a été décontaminé, 103 000 sous-munitions détruites, mais il est impératif de poursuivre sans répit l'effort entrepris car les pertes s'accumulent. Déjà 22 morts et 159 blessés parmi les civils, dont beaucoup d'enfants ; 4 démineurs civils blessés, et 5 autres pour les Bataillons belge et chinois. Sans relâche nous réclamons à Israël plus de précisions sur la localisation de ses tirs, des cartes aussi pour mieux repérer les sites dangereux. Après quelques bribes d'information initiales nous nous heurtons malheureusement à un mur de silence.

En ce 2 février 2007 je ne quitte pas le camp de Naqoura le cœur léger. Les souvenirs viendront m'assaillir plus tard, mais pour l'instant je ressens surtout le poids des moments de tension vécus, celui de l'expérience acquise, et le fait de me retrouver brusquement seul après avoir été entouré d'une véritable équipe. Les liens qui nous ont unis vont au-delà d'une constante disponibilité et du respect de la hiérarchie. Ils sont faits d'une véritable dévotion à la tâche commune, d'une haute idée partagée du mandat qui nous est confié et d'un engagement sans équivoque face aux difficultés. Notre tour de Babel, faite de civils et militaires en provenance de nombreux pays, poursuit avec opiniâtreté, et des succès, la tâche que les Nations unies se sont données dans cette région tourmentée. Et je ne puis oublier ceux qui, depuis le début, ont donné leur vie pour défendre ces ambitions de paix.

9 août 2006 – Tibrin – Le bureau du capitaine commandant la Compagnie de maintenance polonaise dévasté par un tir d'obus.

12 août 2006 – Naqoura –
Poser de l'hélicoptère MI 8 russe en provenance de Chypre.

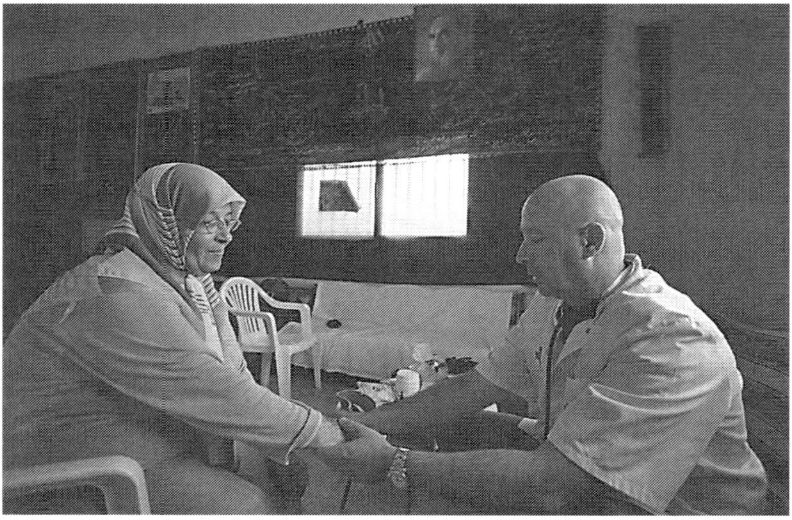

Tournée d'assistance médicale gratuite pour le médecin du 420e D.I.M.

CHAPITRE 7

La FINUL à l'épreuve du temps

La Mission, otage des protagonistes ?

La Force a été établie au Liban-sud en tant que mission intérimaire, c'est le « I » de FINUL. Sa mise en place en 1978 a été rapide et, depuis 2006, sous la pression des événements, elle a profondément évolué. Mais son intérim dure maintenant depuis plus de 30 ans et il serait bien hasardeux de se prononcer sur une date pour son retrait. Comme pour la plupart des missions de l'ONU, s'il a été relativement aisé de s'installer, il est maintenant problématique de passer la main aux autorités locales.

L'objectif final consiste à faire en sorte que les Libanais rétablissent leur pleine souveraineté sur cette partie meurtrie de leur territoire tout en ayant des relations apaisées et plus fiables, reposant sur un cessez-le-feu permanent, avec leur voisin israélien. Mais il semble qu'il y a encore loin de la coupe aux lèvres. D'une part à cause des conditions régionales et de la volonté plus ou moins marquée des parties de normaliser leurs relations ; et d'autre part en raison des limites propres à la mission dans l'exercice de son mandat. La FINUL est devenue un acteur bien connu, avec des contraintes et des faiblesses clairement identifiées au fil des décennies, et ses partenaires savent s'en accommoder et même s'en servir.

Lorsque je parlais de notre place au sein de la vie politique régionale j'avais coutume de dire à mes correspondants libanais que nous faisions partie de la famille, du paysage. Ils n'ont jamais rien fait pour me détromper. En effet, la FINUL est devenue un élément du décor au Liban-sud. La jeune génération qui y vit n'a même jamais connu sa terre natale sans la présence onusienne. Tout le monde semble s'y être habitué et vit avec. Les résidents locaux en tirent profit au travers du soutien humanitaire qu'apportent à la région les pays contributeurs. Grâce aussi à un dispositif militaire qui réduit très sensiblement l'insécurité de tous les jours, que ce soit à l'intérieur de la zone d'opérations ou contre des franchissements intempestifs de la Ligne bleue par des unités israéliennes.

D'un autre côté, cette omniprésence peut se révéler gênante pour des contrevenants potentiels. Mais avec le temps ils ont trouvé astuces et parades pour contourner les obstacles mis à leurs méfaits. La contrebande à travers la Ligne bleue, principalement pour la drogue dans le sens Liban-Israël, continue, même si elle s'est réduite. Parfois, lorsqu'ils se sentent en danger, des informateurs libanais qui travaillent au profit d'Israël parviennent aussi à rejoindre la terre de leur employeur, avec famille et bagages, en franchissant la clôture.

Au bilan la présence et l'action de la Force sont nettement plus bénéfiques que nocives et les Libanais en sont très conscients. Le jour où elle se retirera ce n'est pas seulement le niveau de la situation sécuritaire qui pourrait être remis en cause, mais c'est aussi tout un pan de l'économie locale qui disparaitra et devrait alors être repris par des initiatives gouvernementales. L'apport annuel de la FINUL au tissu économique régional peut-être estimé à un minimum de 70 millions de dollars par an au travers des emplois créés, des marchés passés avec des entreprises et fournisseurs locaux, des donations essentiellement dans les domaines scolaire et sanitaire, ainsi que des travaux d'infrastructure. L'État libanais ne semble pas prêt à relever le défi et a finalement tout intérêt à ce que la présence de la Force perdure.

Cette dernière est d'ailleurs tiraillée entre le choix d'une l'installation provisoire, relativement précaire, et celui de s'établir d'une manière quasi définitive, et donc plus confortable. Si ce n'est d'une façon définitive, au moins faut-il être en mesure de durer dans les meilleures conditions possibles. Ce dilemme se retrouve au niveau des infrastructures à construire pour la Force, des effectifs de personnels civils à mettre en place. Comment trouver le juste équilibre entre le nécessaire et le superflu, parfois très coûteux ? D'autant que les logisticiens new-yorkais ont une tendance marquée à la générosité et ont le goût de la modernité. Ceci part bien sûr d'un très bon sentiment, mais il faut parfois savoir freiner ce genre d'élans qui peuvent s'avérer dispendieux. Actuellement, par exemple, a débuté la construction de tronçons de route qui vont permettre de longer la Ligne bleue sur toute sa longueur, côté libanais. Cela réduira très sensiblement les délais d'intervention en cas d'incident. Cet important chantier va s'étaler sur plusieurs années et le Liban n'a aucun intérêt à ce que la FINUL se retire avant qu'il ne soit terminé puisque des unités du génie de la Force y participent.

Le concept de l'assistance, tel qu'il se traduit dans l'esprit du mandat, a d'autres effets pervers. Le Liban n'est apparemment pas doté des moyens nécessaires pour pouvoir exécuter les termes de la résolution. Son armée manque d'équipements modernes et bénéficie d'un budget restreint. La perméabilité de ses frontières ne peut être combattue que par la mise en place de nouveaux matériels, et de personnels mieux formés au sein d'une organisation douanière plus performante. Les Forces de sécurité intérieure ont également besoin d'être modernisées. Le pays est conscient de tout cela, reconnait ses faiblesses et les proclame d'ailleurs bien haut afin d'obtenir des soutiens tout azimut. La Marine a reçu des bâtiments offerts par plusieurs pays dont la France et le Qatar, les États-Unis ont consacré à l'Armée 270 millions de dollars en 2007 sans compter les fournitures en véhicules légers, l'Allemagne est engagée dans un programme pour améliorer la surveillance des frontières. Beaucoup d'autres aides sont en attente et nombreux sont les pays qui répondent au doux chantage des gouvernants locaux dans l'espoir de les voir prendre leur destinée en mains. Ces derniers savent se montrer volontaires et ouverts aux progrès, mais ils conditionnent sans vergogne leur engagement aux efforts de collaboration de pays tiers.

Les raisons libanaises pour éviter le départ des Bérets bleus sont donc multiples, et la protection que la Mission peut offrir face aux agressions israéliennes potentielles est loin d'être la seule de ces raisons. À l'inverse, Israël accuse régulièrement la FINUL d'être en place au Liban-sud pour protéger le Hezbollah et la Force est fréquemment en butte à ses critiques, voire ses attaques verbales ou écrites. Il le fait souvent avec mauvaise foi, dans le but essentiel de défendre sa politique régionale Pourtant, alors que comme État membre il en a la possibilité, ce pays ne s'est jamais opposé au renouvellement du mandat de la Force. C'est donc bien que cette présence internationale sur sa bordure nord lui est utile et que lui non plus ne souhaite pas la voir disparaitre. Qu'il le veuille ou non la FINUL tient maintenant cette fameuse Zone spéciale de sécurité que Tsahal voulait établir à l'été 2006, et même davantage. Et puis, Tel-Aviv ne souhaite surtout pas voir se fermer le canal de communication établi avec Beyrouth au travers de la Force. Certes, il y en a probablement d'autres, tout aussi confidentiels, mais celui-ci permet de se parler dans l'urgence et, en cas de crise, de tenter d'éviter l'escalade.

L'établissement d'un cessez-le-feu permanent entre les protagonistes n'est qu'un des multiples aspects d'un règlement global de la crise qui sévit au Proche-Orient. On ne peut dissocier le cas particulier libanais de la recherche d'un nouveau statut pour les territoires occupés par Israël, d'un accord de paix entre Israël et la Syrie, d'une solution à l'exil des réfugiés palestiniens. Le problème du Liban-sud représente-t-il une priorité ? Ce n'est pas certain, et tant que la FINUL maintient le niveau de confrontation dans des limites acceptables il n'y a pas d'urgence à faire évoluer les choses. Les progrès, lorsqu'il y en a, sont très lents. De plus ils peuvent à tout moment être remis en cause par une brusque flambée de violence. L'exécution finale des termes du mandat s'en trouve alors retardée d'autant. La Force n'étant pas maitresse de son devenir dans la région, elle est donc surement encore là pour de nombreuses années.

Les limites de l'exercice

Quelle que soit la bonne volonté des instances de l'ONU, les efforts déployés sur le terrain, la recherche d'initiatives nouvelles pour progresser vers le but final, la FINUL est prisonnière de ses propres limites. C'est-à-dire celles qui lui sont fixées par son mandat.

Elles sont tout d'abord géographiques au travers d'une zone d'opérations soigneusement définie : un domaine terrestre qui s'étend entre le Litani et la Ligne bleue. Mais il faut également y ajouter un vaste espace maritime allant jusqu'à Chypre et qui autorise une surveillance efficace du trafic au large des côtes. Cela néanmoins ne permet pas de prendre en compte l'ensemble des frontières terrestres du pays, où il y a tant à faire. Le Liban demanderait-il une assistance dans ce domaine, comme le prévoit la Résolution, qu'il faudrait modifier la zone d'opérations. Beaucoup ne sont pas prêts à l'accepter, et en particulier le Hezbollah. Il est pourtant clair qu'une exécution efficace du mandat aurait requis d'étendre cette zone à l'ensemble du territoire libanais. On en est donc arrivé à une cote mal taillée qui laisse au Parti de Dieu toute liberté au nord du Litani. Depuis 2006 il y a réinstallé sa première ligne de défense en achetant, parfois, les terrains nécessaires à ses nouvelles constructions. Il a aussi reconstitué son stock de missiles et de roquettes qui, selon les Israéliens, aurait doublé par rapport à celui détenu en juillet 2006. Il en possèderait maintenant 40 000. Avec en outre des matériels plus performants qui lui permettent de compenser largement l'allonge supplémentaire nécessaire pour atteindre aujourd'hui Israël. La bande de terrain occupée par la FINUL lui impose en effet de tirer de plus loin, mais il en a largement les moyens. Il n'a pas seulement recouvré son potentiel militaire, mais l'a amélioré, et en toute impunité. La FINUL n'a pas le droit d'opérer hors de sa zone d'opérations, et c'est à ses portes que s'est déroulé en 2008 un vaste exercice du Hezbollah qui mettait en œuvre la plupart des moyens qu'il a répartis dans le pays. En dehors du mandat, point de salut ! Hassan Nasrallah l'a parfaitement compris et en joue très habilement. Il fait tout pour ne pas entrer en conflit avec les Bérets bleus, tant que ceux-ci lui laissent les mains libres hors de leur domaine.

Cette Ligne bleue qui sépare le Liban d'Israël est pour l'instant la limite de référence mais dans l'esprit des parties elle reste provisoire. Sa légitimité s'en trouve fortement entamée. Elle comporte de nombreuses zones contestées par l'une ou l'autre, et le cas de Ghajar en est le plus connu. À cheval sur la Ligne, et donc avec une partie au Liban, ce village est habité par des alaouites, membres d'une branche du chiisme qui représente 10 % de la population syrienne, dont ils ont la nationalité. Leurs titres de propriété ont été de tout temps enregistrés en Syrie. Ils font partie du Golan syrien occupé par Israël en 1967, puis annexé unilatéralement par ce dernier en 1981. Et depuis, comme tous les habitants de cette région, ils possèdent également la citoyenneté israélienne, ce qui complique encore leur situation. Tsahal en a pris prétexte pour isoler toute la partie de la localité située au nord de la Ligne bleue et en interdire l'accès aux Libanais, en totale contradiction avec les termes de la Résolution 1701. Dès leur début, les réunions triparties ont tenté de travailler à l'établissement d'un accord pour que, sous l'égide de la FINUL, cette situation soit régularisée. Bien que non encore appliquées, les dispositions envisagées sont acceptables pour les parties et il faudrait peu de choses pour parvenir à un accord. Mais la grande majorité des habitants du village ne souhaitent pas voir changer les choses. En effet en tant que citoyens israéliens ils bénéficient de tous les avantages sociaux que leur confère ce statut. Ceux qui sont dans la partie nord ne sont guère enclins à devoir subir le système libanais, plus précaire, et surtout à s'y acquitter d'impôts. Beaucoup également travaillent en Israël où ils sont mieux payés. C'est aussi un lieu de contrebande très actif où viennent s'approvisionner en drogue les dealers druzes. Autant de raisons pour que cette situation perdure, non sans danger, du reste.

En d'autres endroits des champs sont traversés par la Ligne bleue mais des cultivateurs libanais persistent à aller travailler sur leurs terres qui sont maintenant côté israélien. Il y a même la tombe d'un saint homme local, le cheikh Abbad, vénéré à la fois par les musulmans et les juifs, qui est coupée en son milieu par la Ligne bleue. Et en plus, la clôture érigée par Israël y suit exactement le tracé de l'ONU ! Les discussions ne sont pas près de se terminer avant que des arrangements ne soient trouvés. Et malgré des cas parfois nettement contraires au bon sens la FINUL doit s'en tenir à ce qui a été marqué sur la carte.

Nous l'avons déjà évoqué, la FINUL est impuissante sans la bonne volonté des protagonistes. Malgré des règles d'engagement durcies elle est sous Chapitre 6. Elle ne peut quasiment rien imposer et doit faire appel à la coopération de l'un et de l'autre.

La position israélienne consiste à rechercher une application complète de la Résolution 1701 et elle se traduit par la politique du donnant-donnant. Si des progrès sont constatés, alors les Israéliens lâchent un peu de lest. Mais jamais trop. Les zones où Tsahal a largué des sous-munitions durant l'été 2006 ne sont pas encore toutes connues et localisées, et les Israéliens continuent à délivrer l'information avec parcimonie. Il en est de même pour les zones minées, même avant 2006. Le cas de Ghajar, nous l'avons vu, n'est pas encore résolu, mais la partie israélienne reste ouverte à toute discussion ! Il n'y a jamais blocage, mais il faut savoir attendre.

Cependant, l'action de la FINUL dépend essentiellement des rapports qu'elle entretient avec le Liban, le « L » de FINUL ! Il est la « nation-hôte » et aussi le pays le plus concerné par la résolution. C'est lui qui a le plus de tâches à accomplir, et qui plus est selon le concept de l'assistanat. Aide-toi, la FINUL t'aidera. À lui donc, dans l'absolu, de faire preuve d'imagination, de détermination, d'un engagement de tous les instants. Mais il faut reconnaitre qu'il a aussi bien d'autres priorités. Il a dû redémarrer une reconstruction interrompue par le conflit de 2006, tout en faisant face à ses traditionnels défis tant intérieurs que régionaux.

Le correspondant privilégié du Commandant de la Force au niveau des hautes autorités libanaises est le général chargé de la coordination entre le Gouvernement libanais et la FINUL. Mais le « Force commander » a aussi un accès direct auprès du Premier ministre, du Président du parlement, du ministre des Affaires étrangères ou de celui de la Défense, voire du Président de la République. Cette liberté de communication est très appréciable, mais malheureusement souvent réduite dans les faits à cause des aléas de la vie politique locale. L'élection de l'actuel Président de la République, le général Michel Sleimane, a été précédée d'une vacance à son poste de plusieurs mois. Elle-même suivait une période de 3 ans pendant laquelle son prédécesseur, le général Emile Lahoud, avait perdu toute autorité à la suite d'une réélection imposée par la Syrie et jugée anticonstitutionnelle par la communauté internationale. Il n'était plus fréquentable. À plusieurs reprises, des ministres en désaccord avec le gouvernement, membres du Hezbollah ou très proches, se sont considérés comme démissionnaires et ont cessé toute activité, préférant rester chez eux. Plus récemment, il a fallu de nombreuses semaines avant qu'un gouvernement d'union nationale puisse être constitué. Toutes ces absences se traduisent par un manque de suivi des dossiers, peu de prises de décision, une capacité de réaction largement entamée. Les interlocuteurs responsables font défaut et le nouvel élan insufflé par la Résolution 1701 risque de faiblir considérablement. Il faut suggérer, relancer sans cesse, provoquer l'initiative.

Il en ressort que la seule structure officielle qui connait une certaine continuité et sur laquelle il est possible de compter en permanence est l'Armée. Mais sa disponibilité et son professionnalisme ne peuvent suffire car elle est elle-même soumise à la volonté du politique qui tarde souvent à s'exprimer et à s'engager. C'est cependant l'unique pilier des institutions sur lequel on puisse réellement s'appuyer. Elle est garante de la stabilité du pays, ainsi qu'elle l'a courageusement démontré en 2007 lorsqu'elle a dû réduire les salafistes[1] du camp palestinien de Nahr el-Bared, au nord de Tripoli. Une lutte de plus de trois mois où elle a perdu 163 hommes, mais dont elle est sortie victorieuse. Il est essentiel de la soutenir et de l'aider dans ses efforts de modernisation et de développement. Elle devrait normalement prendre un jour la relève de la FINUL. Même si l'échéance est encore lointaine la Force fait tout ce qui est en son pouvoir pour l'y préparer. Il est indispensable de persévérer dans cette voie, mais il faut pour cela un engagement réel et constant des partenaires libanais.

Israël aussi veut une armée libanaise plus efficace, mais en même temps s'inquiète d'une montée en puissance qui pourrait représenter à terme un danger. Finalement, il souhaite avoir à sa limite nord de bons gardes-frontières, mais avec des capacités offensives, voire même défensives limitées.

À l'intérieur même de son organisation la Force connait des divergences, des différences d'appréciation de la part des pays contributeurs quant à la manière dont doit être rempli le mandat. Peu sensible dans la vie de tous les jours, cela peut s'exacerber en cas de crise. L'interprétation des règles d'engagement en est un exemple. À supposer qu'une unité de chars israélienne vienne à franchir la Ligne bleue, la FINUL pourrait en dernière limite s'y opposer en utilisant ses armes, y compris ses blindés et son artillerie. Lorsque ce cas de figure est évoqué avec certains responsables israéliens ceux-ci se disent convaincus que des pays comme la France ou l'Italie ne se risqueraient pas à une telle escalade. Rien n'est moins certain mais il n'est pas possible d'écarter d'emblée l'éventualité du veto d'un contributeur qui estimerait l'enjeu trop risqué. Déjà, en période normale, certains contingents sont soumis par leur gouvernement à des restrictions dans l'exécution des missions. Ces caveats, annoncés et permanents, sont acceptés par l'ONU qui, sinon, risquerait de perdre un participant à la mission. Le Liban est un pays qui pratique encore la peine de mort. De nombreux États abolitionnistes qui fournissent des contingents ont adhéré au Pacte international relatif aux droits civils et politiques ou ont ratifié la Convention européenne des droits de l'homme. Aussi certains refusent-ils de livrer aux autorités libanaises des suspects susceptibles d'encourir la peine capitale. Les Libanais partis dans les fourgons de l'armée israélienne en 2000 et qui se présentent maintenant au passage de Ras Naqoura pour rentrer au pays sont condamnés à mort par contumace par l'État libanais. Pour les prendre en compte il faut donc soit choisir son contingent en conséquence, soit les remettre à une organisation tierce, la Croix-Rouge internationale en l'occurrence. Le respect de

1. Musulmans sunnites qui revendiquent un retour à l'Islam des origines.

ces cas particuliers oblige parfois à opter pour des solutions réductrices dans l'exécution des taches demandées. Mais il faut savoir en jouer.

Si apparemment tout le monde adhère au mandat commun, l'action de chaque pays est sous-tendue par des intérêts particuliers qui ressortissent aux relations bilatérales avec le Liban, et aussi Israël. Les pays méditerranéens ne conçoivent pas leur mission de la même manière que d'autres devenus de véritables professionnels du maintien de la paix et dont les armées n'existent que par leurs implications dans les missions de l'ONU. Les contingents à forte proportion de musulmans n'ont pas non plus la même sensibilité que d'autres aux problèmes locaux. Chacun réagit en fonction de sa culture, des orientations données par son pays. En période normale cette diversité est une richesse, mais elle peut se révéler contre-productive en cas de crise aigue, quand le contributeur est mis au pied du mur et doit confirmer avec gravité son engagement international.

Ces tropismes différents ressurgissent parfois dans les propos des contributeurs. Il est normal qu'ils aient un discours national vis-à-vis de leurs compatriotes, qu'ils y soulignent la spécificité de leur engagement, mais il ne faut pas pour autant qu'ils nuisent à la réputation ou à l'image de la Force. Ces erreurs d'appréciation ne sont généralement pas le cas des responsables qui vivent sur le terrain au quotidien, mais concernent plutôt les capitales. Des déclarations intempestives, trop éloignées des réalités de la région et ne sachant pas tenir compte de la mentalité locale, peuvent amener à des réactions d'hostilité qu'il est souvent difficile d'apaiser.

De tels impacts négatifs remettent en cause les efforts constants des Bérets bleus pour faire accepter au mieux leur présence et leur mission. L'équilibre est toujours fragile. Le moindre incident peut dégénérer, avec la volonté sous-tendue d'entraver la capacité d'action de la Force. Surtout si les initiatives engagées peuvent nuire à une organisation locale dominante. Cela s'est vérifié lorsque la FINUL a voulu mener une enquête sur l'explosion d'un dépôt de munitions clandestin dans sa zone d'opérations, à Khirbat Silim, le 14 juillet 2009. Quelques jours après, la population du village s'est violemment opposée à la fouille d'une maison suspecte par l'équipe d'investigation, revenue accompagnée d'officiers de l'Armée libanaise. 14 soldats de l'ONU ont été blessés par des jets de pierre et 18 de leurs véhicules endommagés. Le retour à une coexistence sereine est alors difficile, mais il est cependant nécessaire car la présence de la Force est bien destinée à s'inscrire dans la durée.

L'action de la FINUL connait aussi des limites bien plus prosaïques, et en particulier financières, même si l'ONU rembourse en grande partie les dépenses assumées par les nations. La force maritime qui comptait 14 bâtiments à sa création n'en avait plus que 8 en juin 2010, ce qui était jugé nettement insuffisant par le Secrétaire général. Mais le maintien de navires à la mer sur de très longues périodes est extrêmement couteux. Parfois aussi, en fonction des circonstances, les pays ont besoin de leurs moyens pour d'autres missions. C'est ainsi que la Pologne a retiré son unité logistique suite à son engagement en Afghanistan. Elle a été remplacée par le Danemark après un appel à candidature laborieux. Jusqu'à présent la Force n'a pas connu de réel problème de contribution, hormis la partie navale, mais elle court toujours le risque de voir son potentiel entamé par une défection due à des aléas de politique internationale, ou de nouvelles orientations de politique intérieure.

Les capacités-mêmes consenties à la Force ne lui permettent pas de faire respecter l'intégralité de la Résolution 1701. Celle-ci édicte des interdictions qui ne sont finalement que des vœux pieux à partir du moment où le contrevenant ne se sent pas réellement menacé. Comme nous l'avons déjà vu c'est particulièrement vrai pour les violations de l'espace aérien libanais par l'aviation israélienne. Ces pratiques sont devenues quotidiennes et la FINUL, pourtant appuyée par le Coordinateur spécial des Nations unies pour le Liban, M. Michael C. Williams (Royaume-Uni), voire directement par New York, ne peut qu'émettre des protestations officielles face à ces actions qu'elle qualifie « d'inacceptables ». Plusieurs résolutions des Nations unies, tout comme les règlements internationaux concernant le respect des espaces aériens nationaux, sont bafoués. Mais la Force n'a pas les moyens matériels de s'opposer aux intrusions israéliennes et de plus il est clair que personne n'a réellement l'intention de les lui donner. Elle ne peut que constater. On aboutit là, de la part des Nations unies, à une gesticulation de très basse intensité, uniquement destinée à rappeler aux Israéliens qu'ils sont en contravention avec les arrêts de la communauté internationale. Nombreux sont les pays qui ne souhaitent pas aller au-delà dans cette exigence du respect des textes, et Tel-Aviv en est parfaitement conscient. Il sait très bien apprécier jusqu'où peut aller son impunité, et cherche à se couvrir en s'ingéniant à prendre les Nations unies en défaut. Ainsi, il se pose systématiquement en victime des clauses non encore remplies de la Résolution 1701. De quoi mieux faire passer ses écarts. Quant à l'Armée libanaise, ses armes antiaériennes totalement dépassées ne lui permettent pas de pallier la déficience onusienne. Bien entendu les Israéliens veillent jalousement à ce que la modernisation en cours des équipements libanais ne comprenne pas la fourniture de matériels qui pourraient mettre un danger leur aviation.

La FINUL est aussi, en tant que mission de l'ONU, une vitrine de l'organisation. L'exécution de son mandat ne consiste pas seulement en la mise œuvre de moyens militaires, mais elle se doit aussi d'appliquer tous les grands principes qui sont défendus par les États membres. Cela va de l'accroissement du quota de participation féminine dans les effectifs à la lutte contre le harcèlement sexuel en passant par la prévention contre le Sida ou le respect de l'environnement. Autant d'exigences pas forcément connues ni mises en œuvre par certains dans leur propre pays. Ils les découvrent souvent là et sont parfois peu disposés à les appliquer. Il faut alors les convaincre du respect de ces règles dont on doit d'ailleurs régulièrement rendre compte, quand ce n'est pas une équipe de spécialistes qui se déplace pour une inspection. Ces contraintes viennent s'ajouter aux procédures opérationnelles particulières à la Force, aux règles d'engagement à maitriser parfaitement et compliquent encore l'adaptation au nouvel environnement qu'est le Liban-sud.

Un témoin impartial et transparent, devenu incontournable

L'évolution du mandat de la FINUL, après l'été 2006, a permis de restaurer au Liban-sud un calme fragile qui perdure depuis le début de la cessation des hostilités. C'est la première fois dans l'histoire de la Force qu'elle connait une aussi longue période sans incidents majeurs. Plus de trois ans au début de 2010. Un échange de feux violent entre l'armée libanaise et Tsahal a certes eu lieu le 3 août 2010 à proximité d'El Aadeissé. Il a fait des victimes de part et d'autre. Mais malgré la gravité de l'événement le calme a pu être rapidement rétabli grâce à la qualité des liaisons établies par la FINUL avec les parties en cause, et à son déploiement conséquent sur les lieux du litige. Elle doit certes ces résultats à son nouveau visage mais aussi à la recherche constante d'un équilibre difficile entre son implication totale sur le terrain et son maintien à l'écart des turbulences locales et régionales. Les affaires internes libanaises ont parfois durement secoué Beyrouth mais elles ne se sont pas répercutées au sud du Litani. Les efforts pour la recherche d'une paix globale au Moyen-Orient se font dans d'autres enceintes et une Ligne bleue paisible ne peut qu'aider au dialogue. Le rôle de la Force reste local mais est loin d'être négligeable. Elle ne prend pas part aux grandes évolutions mais entretient un terreau favorable au maintien de la paix et de la sécurité dans sa zone d'opérations. Elle ne pourrait certainement pas empêcher un nouveau conflit entre Israël et le Liban mais elle serait cependant en mesure de donner un sérieux coup de semonce en direction de l'agresseur et marquer ainsi la détermination de la communauté internationale à s'opposer à toute confrontation. Ce geste fort devra alors être suivi très rapidement par d'autres actions prises au plus haut niveau des Nations unies, sous peine de voir encore les Bérets bleus réduits à l'impuissance. À trop tarder il ne leur resterait que ce rôle de témoin crédible qui permet de mieux apprécier la situation et de contrebalancer les déclarations, toujours orientées, des belligérants. Et puis, bien sûr, quelle que soit la situation, la Force aura toujours à cœur de remplir sa tâche humanitaire et d'alléger au mieux les souffrances des populations. N'étant pas partie prenante au conflit elle reste alors le seul moyen d'en limiter les effets.

La FINUL est appelée à durer au moins aussi longtemps qu'Israël et le Liban n'arriveront pas à s'accorder sur un cessez-le-feu permanent. Aussi longtemps également que les forces armées libanaises ne seront pas capables de relever les Bérets bleus. Car un des buts finaux est bien de rendre au Liban sa pleine souveraineté au sud du Litani, sans présence accessoire de l'ONU. Jusqu'à présent la Force a réussi à éviter une reprise des hostilités entre Tsahal et le Hezbollah, mais rien n'a changé dans la région. La Force fait partie d'un tout, au même titre que l'ONUST ou la FNUOD, et elle ne peut à elle seule apporter une solution durable à un problème qui dépasse largement le Liban-sud. Elle doit le subir, mais elle est parvenue à créer dans sa zone, pour les parties, un climat et un espace propices à la négociation. Un environnement qui est bien sûr toujours perfectible et qu'elle doit chercher sans cesse à améliorer. Par des propositions, des initiatives nouvelles, sans se limiter au résultat acquis qui reste à l'évidence insuffisant. Ainsi peuvent être créées des conditions qui doivent permettre aux diplomates de prendre le relais et de s'atteler à l'élaboration d'une paix durable, en commençant, pourquoi pas, par régler le cas de la relation bilatérale entre le Liban et Israël.

(Sans date) –
Le quartier général de la FINUL sous la garde des chiens du 420ᵉ D.I.M.

16 août 2006 – Al Hinniyah –
Les guirlandes de la mort larguées par Tsahal.

ÉPILOGUE

SI la majeure partie des observations et réflexions de cet ouvrage avaient été rapportées avec autant de détails dans les semaines qui ont suivi la fin de ma mission, on aurait appelé cela un retour d'expérience. Mais il n'en a pas été ainsi. Mes ultimes démarches se résumèrent au traditionnel compte-rendu de fin de mission remis au Secrétaire général et à la tournée des adieux à New York, puis à Paris. Passé ensuite dans le cadre de réserve, j'ai continué à suivre régulièrement l'évolution de la situation dans cette partie du monde. Comment aurais-je pu faire autrement avec ce que j'y avais vécu ! Le temps qui s'est écoulé entre les faits et la fin du travail de rédaction, plus de trois ans, m'a permis de recouper voire de compléter mes informations. De me rendre compte aussi de la manière dont les politiques qui vivent loin de la FINUL perçoivent l'exécution de son mandat. Cette façon de l'appréhender est souvent bien différente que ce que l'on en pense sur le terrain, et parfois vaut-il mieux ne pas y attacher trop d'importance sous peine d'être découragé. Mais à l'inverse, il est vrai que sur place, avec des préoccupations plus immédiates, et une vision moins globale, il est parfois difficile de s'élever au niveau des grands acteurs de la politique internationale. Néanmoins, ce témoignage que j'ai souhaité sincère et au plus près de ce que j'ai vécu au milieu de mes Bérets bleus peut, je le crois, être versé au dossier de l'Histoire. Il devrait y apporter un nouvel éclairage particulier sur la relation entre le Liban-sud et l'ONU, au cours d'une période bien particulière.

Les sept années que j'ai passées, au total, au Pays du Cèdre m'ont profondément touché. Je connais d'ailleurs peu de personnes qui soient sorties indemnes d'un séjour dans la région. Ce mélange de paysages majestueux et de constructions anarchiques, d'hospitalité et de violence, de fierté exacerbée et de compromissions, de patriotisme et d'irrespect des lois séduisent et inquiètent à la fois. Il est bien difficile de s'en détacher. Et si les rives de l'ancienne Phénicie ont laissé maintenant place pour moi à celle de notre sud méditerranéen, c'est toujours la même mer que je contemple. Trait d'union depuis des millénaires, j'y trouve une raison de plus de continuer à suivre les péripéties de ce pays tourmenté où la communauté internationale a déjà tant donné. Ses efforts ne peuvent être vains et tôt ou tard ils permettront d'aboutir à un état de paix qu'au fond tout le monde souhaite. Mais chacun voit sa paix selon ses propres critères, le vrai problème étant est de s'accorder sur ceux qui seront acceptables pour tous. Le chemin est certes encore long mais on ne peut que persévérer, sous peine de voir le chaos s'installer et surtout s'étendre. Malgré les violences, plus ou moins fréquentes et affirmées, le dialogue ne s'est jamais totalement arrêté, si ténu soit-il parfois. Il faut donc s'y accrocher, l'encourager, persévérer dans l'ouverture car c'est le seul moyen de parvenir à une meilleure connaissance et compréhension mutuelles. Elles peuvent au moins permettre d'établir des compromis, faute de pouvoir rêver à une fraternité sans réserve. Le pire serait de fermer définitivement une porte. Heureusement, ce n'est quasiment jamais le cas au Moyen-Orient, à partir du moment où les apparences sont sauves. La violence y fait presque partie du dialogue, et à plusieurs reprises on m'a rassuré en me disant : « Ici, ce n'est pas parce qu'on se tire dessus qu'on arrête de se parler ». Alors, il reste à faire en sorte que les paroles soient plus fortes que le bruit des armes, et l'ONU, présente au Liban-sud avec la FINUL, est une enceinte privilégiée pour relever ce défi.

Je ne puis achever sans renouveler ma reconnaissance à tous ces hommes et femmes, civils et militaires, venant de tous les horizons et qui, le temps de leur présence sous le Drapeau bleu, donnent ou ont donné le meilleur d'eux-mêmes pour la réussite d'une mission dont ils ont tout à découvrir quand ils arrivent. Pourtant ils la font leur sans réserve et y apportent sans compter leur dévouement, leur compétence et leur disponibilité. Certains, malheureusement, y sacrifient leur vie et méritent une pensée particulière pour avoir encore allongé la liste de pertes la plus longue qu'une mission de l'ONU ait jamais connue.

7 juin 2006 – Zefat (Israël) –
Entretien avec le général Udi Adam, chef du Commandement nord.

Sigles et acronymes

AE :	Armed Element (élément armé, désignation officielle des miliciens du Hezbollah par la FINUL)
ALL :	Armée du Liban Libre
ALS :	Armée du Liban-Sud
BPC :	Bâtiment de Projection et de Commandement
CHINBATT :	Bataillon chinois
COMANFOR :	Commandant de la Force
CONOPS :	Concept d'Opération
COPER :	Commandant de l'Opération
CTM :	Chaland de Transport de Matériel
DOMP :	Département des Opérations de Maintien de la Paix
DPKO :	Department of Peace-Keeping Operations (DOMP)
FDF :	Forces de facto (milices)
FINUL :	Force Intérimaire des Nations Unies au Liban
FMSB :	Force Multinationale de Sécurité à Beyrouth
FNUOD :	Force des Nations Unies chargée de l'Observation du Désengagement
FPLP-CG :	Front Populaire de Libération de la Palestine – Commandement Général
FSI :	Forces de Sécurité Intérieure
FUNU :	Force d'Urgence des Nations Unies
GHANBATT :	Bataillon ghanéen
HQ :	Headquarters (quartier général)

INDBATT :	Bataillon indien
ITALAIR :	Détachement d'hélicoptères italien
ITALBATT :	Bataillon italien
JSF :	Joint Security Force (Force Mixte de Sécurité)
MEU :	Marine Expeditionary Unit (Unité expéditionnaire des Marines)
MILAD :	Military Advisor (conseiller militaire)
MONUC :	Mission des Nations Unies en République démocratique du Congo
MTF :	Maritime Task Force (Groupe d'intervention navale)
OGG :	Observer Group Golan (Groupe d'Observateurs du Golan)
OGL :	Observer Group Lebanon (Groupe d'Observateurs du Liban)
OLP :	Organisation de Libération de la Palestine
ONG :	organisation non gouvernementale
ONU :	Organisation des Nations Unies
ONUST :	Organisation des Nations Unies chargée de la Surveillance de la Trêve
OPLAN :	Plan d'Opération
OTAN :	Organisation du Traité de l'Atlantique Nord
PB :	Patrol Base (base de patrouille)
PC :	Poste de Commandement
PCL :	Parti Communiste Libanais
PNUD :	Programme des Nations Unies pour le Développement
POLLOG :	Bataillon logistique polonais
PSNS :	Parti Social National Syrien
QG :	Quartier Général
SA :	Senior Advisor (conseiller diplomatique)
SMC :	Strategic Military Cell (cellule militaire stratégique)
TCD :	Transport de Chalands de Débarquement
UNDOF :	United Nations Disengagement Observation Force (FNUOD)
UNFICYP :	United Nations Force In Cyprus (Force des Nations unies à Chypre)

UNICEF : United Nations of International Children's Emergency Fund (Fond des Nations unies pour l'enfance)
UNIFIL : United Nations Interim Force In Lebanon (FINUL)
UNMACC : United Nations Mine Action Coordination Center (Centre de coordination des actions de déminage des Nations unies)
UNRWA : United Nations Relief and Works Agency for Palestinian Refugees in the Near East (Office de secours et de travaux des Nations unies pour les réfugiés de Palestine dans le Proche-Orient)
UNTSO : United Nations Truce Supervision Organization (ONUST)

VIP : Very Important Person (personnalité)

ZSS : Zone Spéciale de Sécurité

Remerciements

À ceux sans lesquels ce projet n'aurait pas connu une heureuse conclusion :

– Madame Claude Geiter, relectrice pointilleuse et avisée grâce à sa maitrise de la langue française. Grâce aussi à sa curiosité, toujours en éveil, qui m'a obligé à plus de clarté dans ce qui était pour moi évident,

– Monsieur Pierre Devoluy, fin connaisseur et amoureux du Liban, qui a fortement contribué à placer cette relation dans un cadre conforme à ce pays si particulier.

Cet ouvrage a été composé par IGS-CP (16)

Cet ouvrage a été achevé d'imprimer en octobre 2010
dans les ateliers de Normandie Roto Impression s.a.s.
61250 Lonrai
N° d'impression : 10-3874
Dépôt légal : octobre 2010

Imprimé en France